子どもに人気の
ふれあいあそび

Fureai asobi

年齢別ベストテン BEST 10

NPO法人東京都公立保育園研究会

ひとなる書房

Prologue はじめに

　「こ〜こはじいちゃん、にんどころ！」膝に抱いた赤ちゃんのほっぺをさすると、"コチョコチョ"とくすぐられることを期待して、身をよじり笑顔いっぱいの表情を見せてくれます。まわりの子どもたちも、からだで覚えたここちよさを共感するかのように集まってきて"わたしもいっしょ""ぼくもなかまにいれて"の期待をこめた笑顔にとり囲まれ、幸せのひとときとなるのです。
　「ふれあいあそび」の、どんなところに子どもたちは魅力を感じ、何度もせがんでくるのでしょうか。
　　・親しみを感じている人の、声の暖かさや表情・しぐさにふれる喜び
　　・ゆったりとしたリズムや繰り返しの言葉のここちよさ
　　・顔を見合わせ１対１で肌と肌をふれあわせる安心感の中で、あそびを通して愛されていることを実感する楽しさ
などが人気の秘密のように思います。
　もともと、ふれあいあそびは、祖父母から父母へ、父母から子どもへ、子どもから友だちへと広がり、世代を継いで伝承されてきたものです。
　ところが近年、時代の早い変化のせいでしょうか、その伝承が弱まってきているように思います。わが子のあやし方やあそび方が苦手な方や、触られたり抱かれたりすることをイヤがったりする子どもたちがめだつようになってきました。その理由の一つに具体的なふれあい方を知らないということもあるかと思います。そこで私たちは、保育園がその伝承の仲立ちとなり、子育てがより楽しくなるためのお役にたてたらいいな、と考えています。

　保育園では、大人（保育者）と子どもが一緒に楽しみ、喜びやここちよさを共感する関係を大切にした保育を行なっています。とくに子どもの年齢が小さければ小さいほど、手あそびや体をふれあわせるあそびは、子どもの育

ちにとって、とても大事なことの一つとして、保育活動の中に取り入れています。

　大人（保育者）と子どもの１対１の関係が充実し、あそびをたくさん経験すると、不思議なことに、大人と複数の子ども、さらには子ども同士の関係が広がっていくのです。

　そこで今回、保育園の中で子どもたちがどんなふれあいあそびを喜び、期待しているのかを調査して、今後の私たちの保育をより豊かにするために本書を企画しました。この本がきっかけとなって、保育者から子どもたちへ、子どもたちから親たちへ、そして、親から子へとふれあいの輪が広がっていくことを心から願っています。

　　　　　２００５年５月５日
　　　　　　　　　　　　　NPO法人東京都公立保育園研究会・研究部
　　　　　　　　　　　　　ふれあいあそび編集委員会

＜ふれあいあそび調査について＞
　研究部では、２００３年度の活動として、各園でのふれあいあそび実践のアンケート調査に取り組みました。結果、都区内の公立保育園５６０園から１３２１枚（０歳２１３枚・１歳４０１枚・２歳３３２枚・３〜５歳３７５枚／１枚に複数のあそびの記載も有り）が集計されました。本書では、その中からより多数あげられたあそびを中心として、「子どもに人気のベスト10」として紹介しました。調査する中で、子どもに人気のふれあいあそびは、保育者が子どもの頃に体験してきたあそびの継承であったり、昔から受け継がれてきた「わたべうた」や新しく学んだ「あそび歌」が、歌い方やあそび方を少しずつ変えながら、あそび継がれ親しまれてきたことがわかりました。

　また、「一本橋こちょこちょ」「あがり目さがり目」「東京都日本橋」は０歳・１歳・２歳すべての年齢で子どもが好んでいるあそびだということ、一方、寄せられたあそびの種類をみると数百以上もあり、各地域・園で独自のあそび文化が多種多様に生まれ、受け継がれていることがわかりました。子どもとあそびの関係の奥深さをあらためて考えさせられた調査でした。

Contents もくじ　子どもに人気のふれあいあそび

はじめに　02

0歳児

一本橋こちょこちょ　06
ちょちちょち　あわわ　08
あがり目さがり目　10
たかい　たか〜い　12
にんどころ　14
ぎっこばっこ　16
お舟はぎっちらこ　17
上から下から　18
にぎりパッチリ　20
一里二里三里しりしりしり　21

1歳児

東京都日本橋　22
げんこつ山のたぬきさん　24
いないいない　ばあー　26
おうまは　みんな　28
にらめっこ　30
あたま　かた　ひざ　ポン　32
うまはトシトシ　34
大根づけ　36
せんたくき　38
ちゅっちゅこっこ　40

2歳児

- お寺の和尚さん 42
- パンやさんにお買い物 44
- おせんべやけたかな 46
- グーチョキパー 48
- とんとんとん ひげじいさん 50
- やさいのうた 52
- ひとりのぞうさん 54
- お弁当箱 56
- むっくりくまさん 58

幼児編 3〜5歳

- なべなべそこぬけ 60
- アルプス一万尺 62
- ずいずいずっころばし 64
- あぶくたった 66
- おちゃらか ホイ 68
- タケノコ一本 70
- かごめ かごめ 72
- だるまさんがころんだ 74
- はないちもんめ 76
- ジャンケン列車 78
- もぐらどん 80
- からすかずのこ 82
- お茶をのみにきてください 84
- いわしのひらき 86

0歳児

一本橋こちょこちょ

0歳、1歳、2歳を通してベストテンに入るほど乳児期の子どもに喜ばれる伝承あそびです。どんな場所でも、ちょっとした時間にもできて、五感の刺激にもなります。

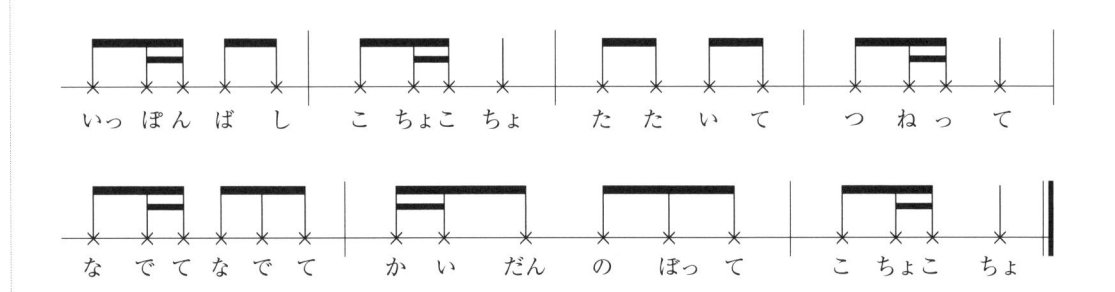

いっぽんばし こちょこちょ たたいて つねって
なでなで かいだんのぼって こちょこちょ

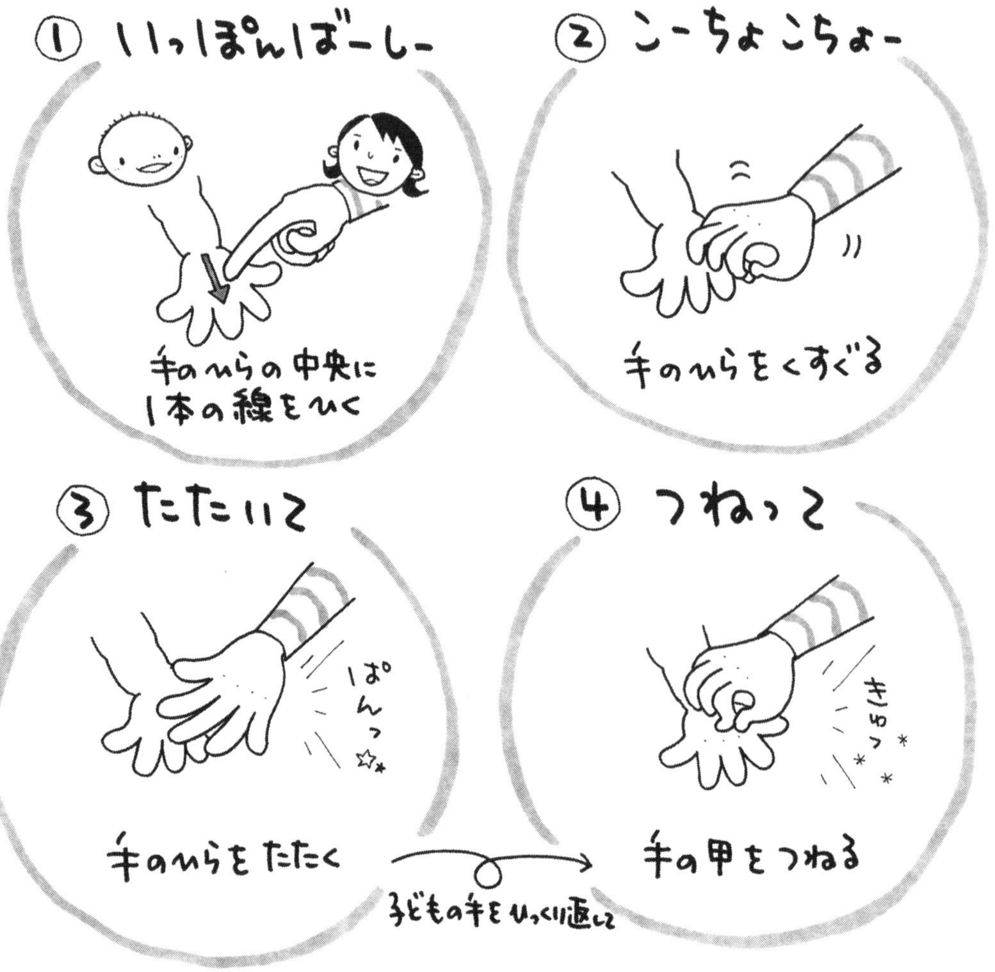

① いっぽんばーしー
手のひらの中央に1本の線をひく

② こーちょこちょー
手のひらをくすぐる

③ たたいて
手のひらをたたく

④ つねって
手の甲をつねる

子どもの手をひっくり返して

0歳児

⑤ なーでてなーでて

手の甲をなでる

⑥ かいだんのぼって

手首からわきの下まで
ひとさし指と中指を使って
あがっていく

ひざの上にのせてもよい

⑦ こちょこちょー

わきの下をくすぐる

＊ 子ども同士で… ＊

＊ 人形相手に… ＊

実践から

手のひらだけでなく、足の裏を使ったり、2本指を動かして登ったり降りたり、体全体をくすぐったりすると、とても喜びます。大人の真似をして子ども同士、または人形を相手にしながら、楽しめます。

0歳児

ちょちちょち あわわ

わらべうた

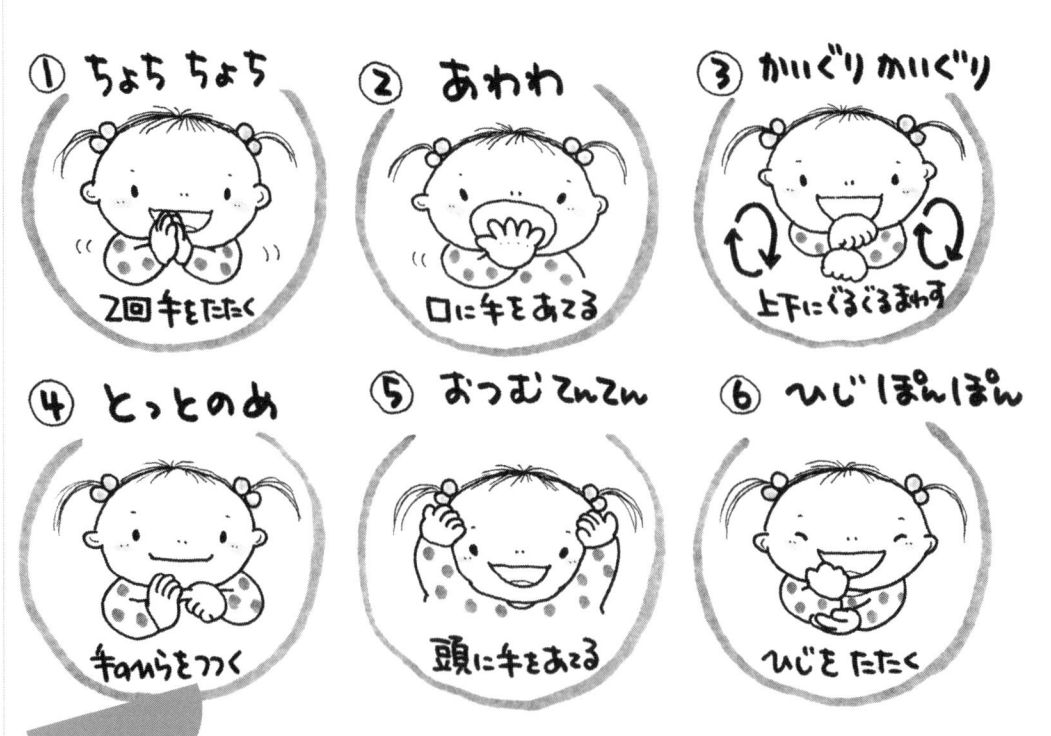

歌詞：
ちょち ちょち あわわ かいぐり かいぐり
とっ との め おつーむ てん てん ひじ ぽん ぽん

① ちょちちょち — 2回手をたたく
② あわわ — 口に手をあてる
③ かいぐりかいぐり — 上下にぐるぐるまわす
④ とっとのめ — 手のひらをつつく
⑤ おつむてんてん — 頭に手をあてる
⑥ ひじぽんぽん — ひじをたたく

あそび方

・大人と向かい合って、またはひざの上で遊ぶ。ゆっくりしたテンポでおこない、歌と動作を合わせる。「あわわ」は手のひらを口に当てたり離したりすると「あー」が「あわわ」と聞こえて喜ぶ。「とっとのめ」はできない子もいるが、一生懸命しぐさをするのがかわいい。

・最後の「ひじ」を「ひざ、はら、ほっぺ、あし」などに変え、タッチする楽しさ、タッチされるうれしさを感じるようにやってみる。

0歳児

赤ちゃんを
ひざにのせて
やってみましょう！

① ちょちちょち
子どもの両手をとって2回あわせる

② あわわ
片手、または両手を口に

③ かいぐりかいぐり
両手を胸の前で上下にぐるぐるまわす

④ とっとのめ
左手のひらを右手指でつつく

⑤ おつむてんてん
片手、または両手で頭をかるくたたく

⑥ ひじぽんぽん
片手でもう一方のひじをたたく

実践から

優しい歌声に身振りがつくと、赤ちゃんは注目して見ています。大人のひざの上で手をとってやってあげると、ところどころ真似てやってみたりします。また歌だけうたうと、自分でやろうとする姿がみられます。

0歳児

あがり目さがり目

おかしな顔になるので人を笑わせます。楽しい気持ちがわき上がってきます。

わらべうた

あ が り め　　さ が り め
ぐ る り と　ま わ し て　ね こ の め

① **あーがりめ**
両目の目じりにひとさし指をあてて上げます。

② **さーがりめ**
目じりにあてたひとさし指を下げます。

③ **ぐるりとまわして**
指で目をぐるぐる回すようにします

④ **ねーこのめ**
指で目を横にひっぱり細目にします

にゃーん
と さいごに ないてみましょう

0 歳児

わんこのめ　おさるのめ　うさぎのめ

わんっ　うきっ　ぴょーーん

＊ どうぶつを かえて あそんで みれば… ＊

> 実践から

・ちいさい子どもには、目の横に指を当ててやってあげたり、大人がやってみせてあげるといいでしょう。
・子どもをひざに抱き、子どもの顔に手を当てて歌いながら子どもの顔を動かしてあげてもいいです。
・子どもと向き合って、お互いに自分の顔で歌いながらやるときもあります。
・大人が目の周りだけ回してみせるのもおもしろいです。
・ねこのめの他に、いぬ、さる、うさぎなどの動物に変えてあそぶこともあります。

0 歳児

たかい　たか〜い

からだ全体を使ってスキンシップ！　ちいさな赤ちゃんは、こわがらないように少しずつ上に持ち上げていくのがいいでしょう。

0歳児

ひざの上に立たせたり　　　上下にゆすったり

手は子どものお尻のあたりに…

たかい たか〜い

実践から

・「たかいたか〜い」でぐんと視界が広がり、高いところから見える大人や周りのようすに大喜び。スピードをつけたり、子どもをのせた足を上下にゆすったりしてもいいでしょう。

・大人のひざの上に立たせてやると、落ちそうでスリルがあるようです。

・「たかいたか〜い」と大好きな人形を上げて喜ぶ子どももいます。

0歳児

にんどころ

"にんどころ"とは、似ているところの意味です。右のほっぺはお父さん似、左のほっぺはお母さん似、おでこは、あごは……家族みんなに似ている、みんなに愛されているんだよ、という気持ちがきっと赤ちゃんにも伝わるでしょう。

わらべうた

歌詞	動作	回数
こ こ は とうちゃん にん ど こ ろ	子どもの右ほほをそっとさわる	4回
こ こ は かあちゃん にん ど こ ろ	左ほほをそっとさわる	4回
こ こ は じいちゃん にん ど こ ろ	額をそっとさわる	4回
こ こ は ばあちゃん にん ど こ ろ	あごをそっとさわる	4回
こ こ は ねえちゃん にん ど こ ろ	鼻の頭をそっとさわる	4回
だい どー だい どー こちょ こちょ こちょ	顔のまわりをめぐる 子どもの右手をあげ わきの下をくすぐる	2回

0歳児

① ここは とうちゃん にんどころ
右ほほを ひとさし指で そっと4回さわる

② ここは かあちゃん にんどころ
同じように 左ほほを そっと4回さわる

③ ここは じいちゃん にんどころ
おでこを そっと 4回さわる

④ ここは ばあちゃん にんどころ
あごを そっと 4回さわる

⑤ ここは ねえちゃん にんどころ
鼻の頭を そっと 4回さわる

⑥ だいどー だいどー
顔をふくように 手を 大きく2回まわす

⑦ こちょこちょこちょ——
首の下、わきの下などを くすぐる

実践から

・さわられるのが嫌な子には、人形やぬいぐるみにやってみせることで、徐々に楽しめるようになるでしょう。
・わざと触れる順番を変えて「次は？」と期待をもたせてもおもしろいです。

0歳児

ぎっこばっこ

次ページの「お舟はぎっちらこ」と同じあそび。うたやリズムは子どもの喜び方に合わせて、アレンジしてもいいでしょう。二人の呼吸が合うここちよさを体感してみてください。

わらべうた

ぎっこ ばっこ ひけば となりの
ばんばこ かけた わんこ もってきて
おっ ぶり かっ ぶり みなのんだ

あそび方

床に座って足を伸ばし、その上に子どもを乗せて、手を握り、ひっぱりっこのようにして船をこぐか、ひざに乗せた子の体を大人の両手でうしろから支え、前後にたおすようにします。

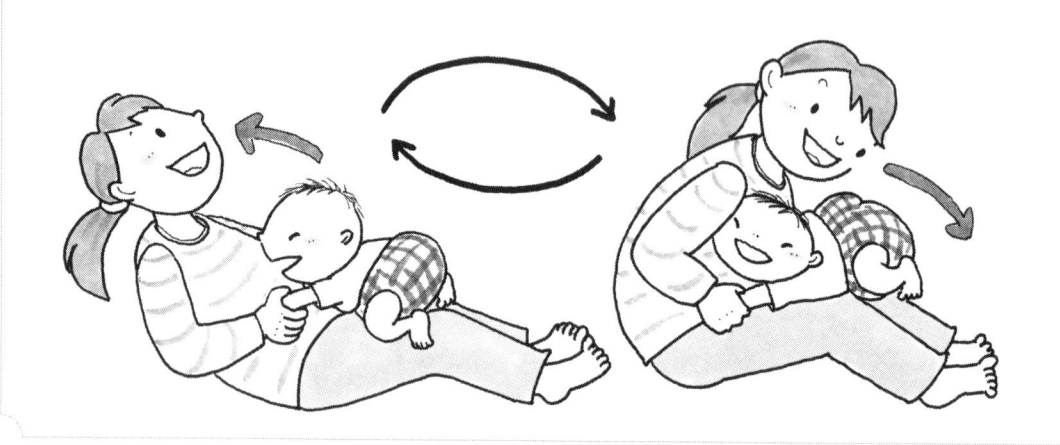

お舟はぎっちらこ

井上　徹　作詞
江沢清太郎　作曲

おふねは ギッチラコ ギッチラコ ギッチラコ
なみに ゆられて ゆら ゆら うごく
おふねは ほんとに おもしろい
ギッチラコ ギッチラコ ギッチラ ギッチラ ギッチラコ

> **実践から**

最後に、「たおれちゃったー」と倒したり、また起こして抱きしめたりすると、喜びます。

0歳児

上から下から

大人が布を両手で持ち、上下に振りながら歌います。ゆれる布、やさしい風が赤ちゃんをつつみます。

わらべうた

うえから　したから　おーかぜ
こい　　　こい　こい　こい！

50cm四方の布か
大版ハンカチ

0 歳児

大きな布であそぼう

実践から

右から左から、前から後ろから、横から横からなど、いろいろバリエーションをつけたり、布の大きさや、素材なども変えてみるのも楽しいです。

大きな布を使い、大人が2人で両はしを持ってゆらすと、5人くらいでも遊べます。

にぎりパッチリ

わらべうた

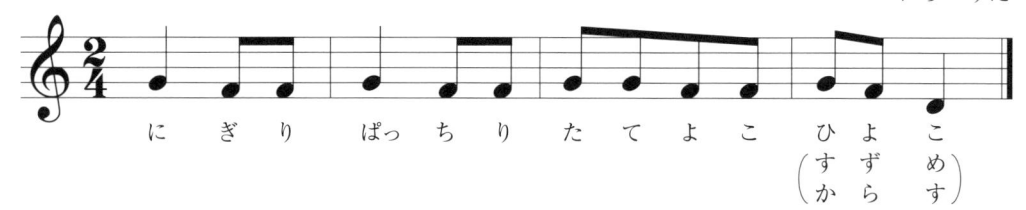

に ぎり ぱっちり たて よこ ひよこ
（すずめ）
（からす）

あそび方

やわらかい布を両手の中にまるめて持ち、軽く上下に振りながら歌う。終わったらピヨピヨと高い声で言いながら握っていた手をあける。布が中から現れる。

① に―ぎり ぱっちり たてよこ ひよこ
軽く上下に振る

② ピヨピヨ ピョーッ
手の中から布が現れる

ぴよぴよぴよぴよ・・・　ちゅんちゅんちゅんちゅん・・・　かあかあ・・・

実践から

「ひよこ」の部分を「すずめ」や「からす」などに変えて鳴き声を楽しみます。布を毛糸のポンポンやスポンジなどに変えてもおもしろいです。

0歳児

一里二里三里しりしりしり

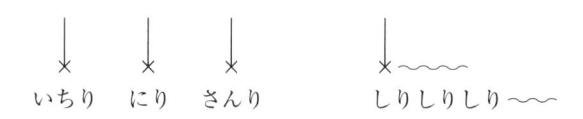

↓　　↓　　↓　　　　↓〜〜〜
いちり　にり　さんり　　しりしりしり〜〜

あそび方

テンポはゆっくりと確かめるようにひとつずつ上がっていき、「しりしりしり〜」のところだけ、少しテンポを速め、くすぐります。

① いちり　　両足の親指をつかむ

② にり　　両足の足首をつかむ

③ さんり　　両足のひざをつかむ

④ しりしりしり！　　おしりの両側をくすぐる

実践から

指先、手首、ひじ、わきの下などをくすぐると楽しめます。

東京都日本橋

1歳児

「一本橋こちょこちょ」と似ています。くすぐりあそびなので、大人が子どもに、子どもが大人に、また子ども同士でやりあって遊ぶのも大好きです。

わらべうた

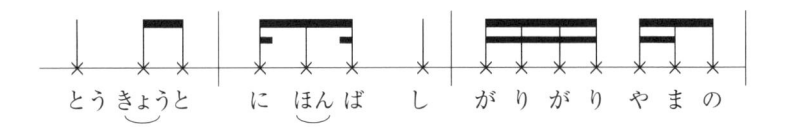

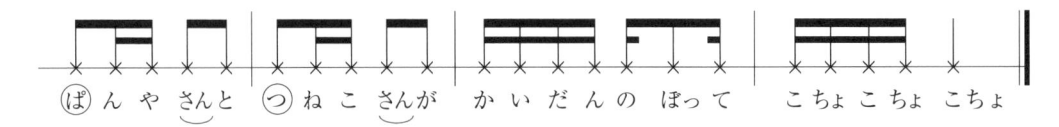

とうきょうと　にほんばし　がりがりやまの
ぱんやさんと　つねこさんが　かいだんのぼって　こちょこちょこちょ

・音程はほとんど変わりません。ことばのリズムに合わせていくと「ぱ」と「つ」が少し上がります。

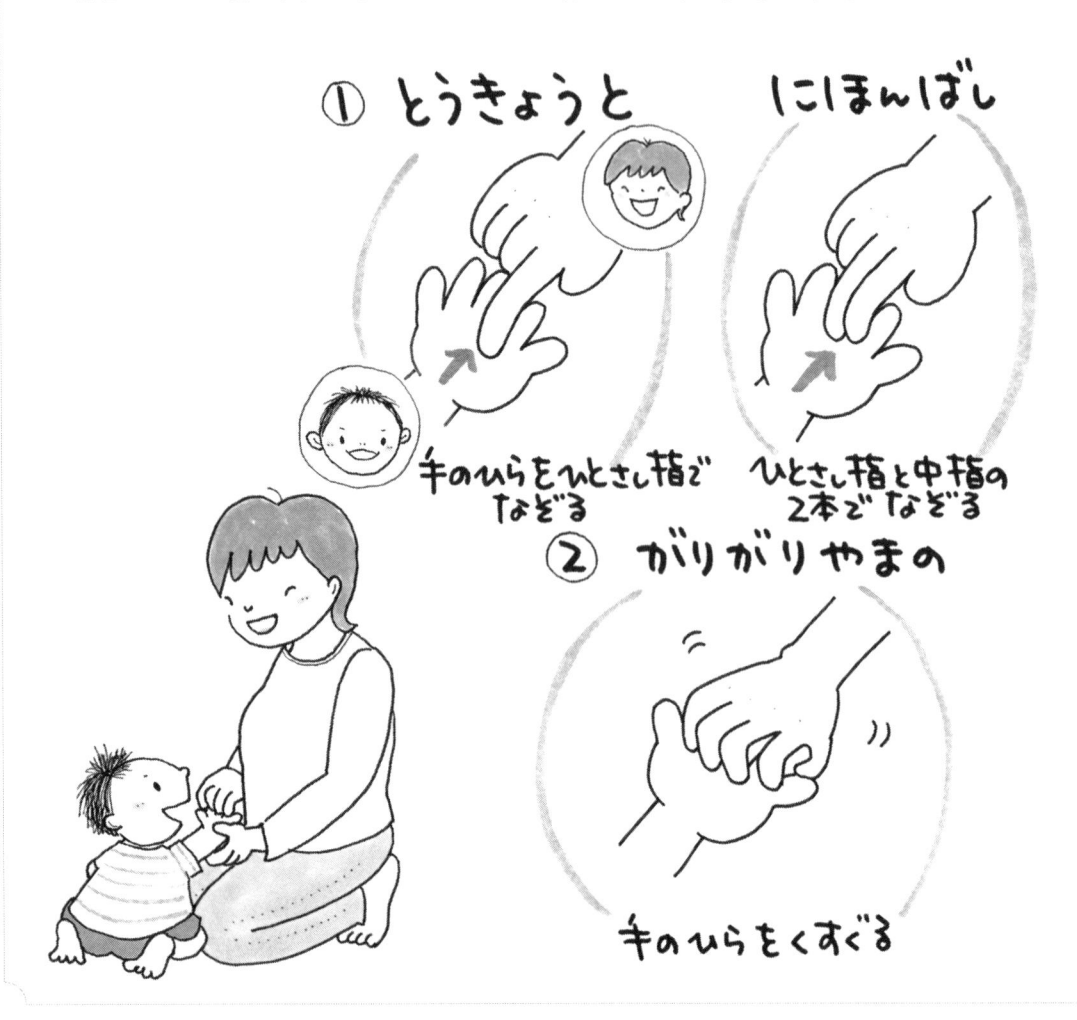

① とうきょうと　にほんばし

手のひらをひとさし指でなぞる　　ひとさし指と中指の2本でなぞる

② がりがりやまの

手のひらをくすぐる

1歳児

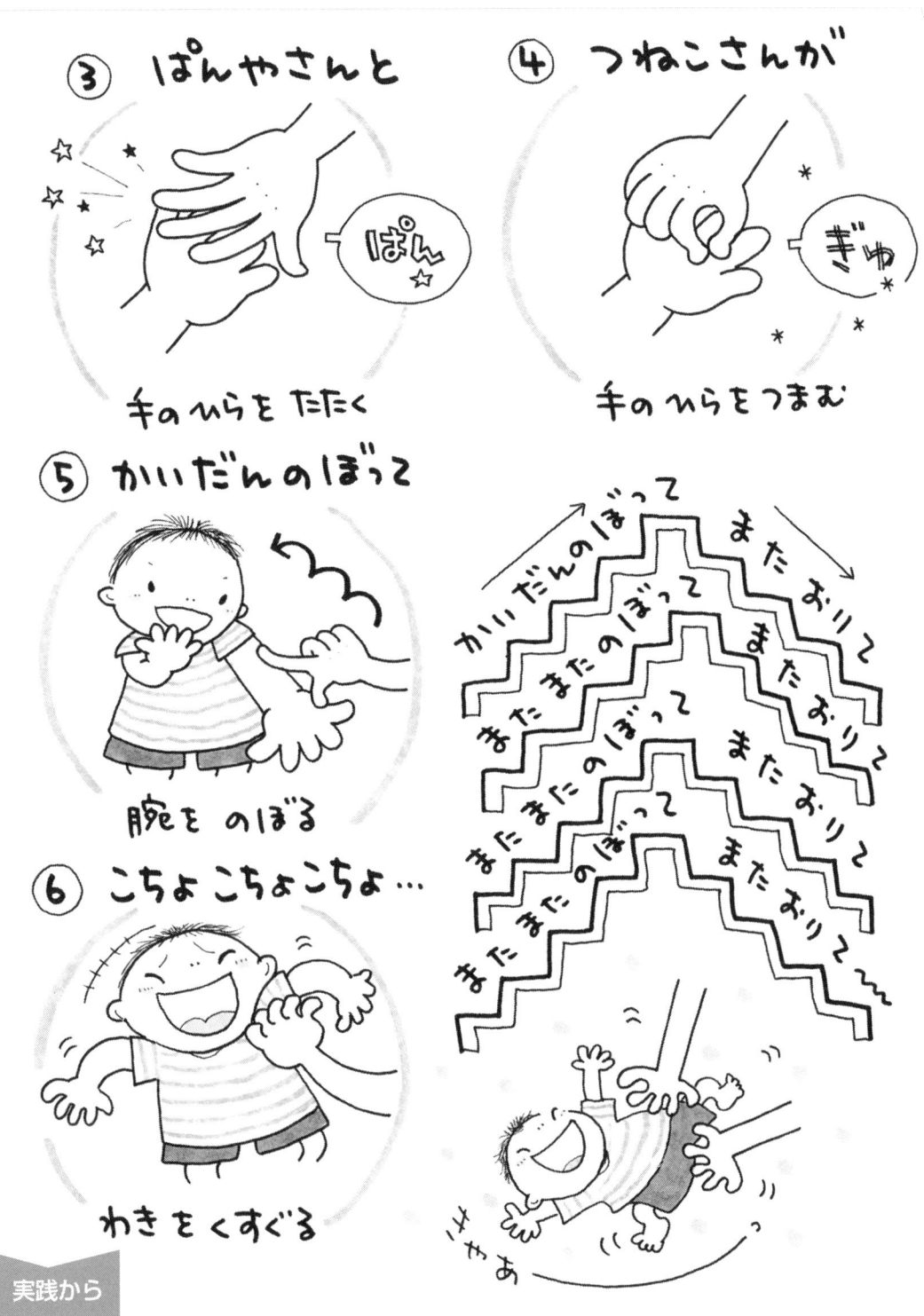

③ ぱんやさんと

手のひらをたたく

④ つねこさんが

手のひらをつまむ

⑤ かいだんのぼって

腕をのぼる

かいだんのぼって またおりて
またまたのぼって またおりて
またまたのぼって またおりて
またまたのぼって またおりて

⑥ こちょこちょこちょ…

わきをくすぐる

実践から

・「ぱんやさんと」「つねこさんが」を、2回ずつするのもあります。
・「かいだんのぼって」のところを「かいだんのぼってまたおりて」とバリエーションをつけて何度も繰り返すと、子どもは大喜びします。

げんこつ山のたぬきさん

誰もが知っているわらべうたです。赤ちゃんの生活が歌にこめられていて、大きくなった子も喜びます。赤ちゃん時代を再体験しているのでしょうか。

わらべうた

せっ せっ せー の ヨイ ヨイ ヨイ
げん こつ やま の たぬき さん
おっ ぱい のん で ねん ね して
だっ こ して おん ぶ して また あした

① せっせっせの ヨイヨイヨイ

ともだちと手をつなぎ 曲に合わせて上下に軽くふる

② げんこつやまの たぬきさん

両手でげんこつを作り 7回打ちあわせる

③ おっぱいのんで

両手でおっぱいをのむ しぐさをする

1 歳児

④ ねんねして

両手をひらいて手のひらを合わせ左右に眠る動作を2回する

⑤ だっこして

両手を胸にだっこのしぐさをする

⑥ おんぶして

両手をうしろにまわし赤ちゃんをおんぶするしぐさをする

⑦ またあした

かいぐりかいぐりし「た」でジャンケンをする

じゃんけんぽん　ちょき　ぐー　どっちがかった？
いし　かみ　はさみ

実践から

・ジャンケンができなくても、グーやパーと大人の真似をして遊んでいます。
・向かい合って1対1で遊びますが、幼児クラスになって、多数の子ども相手におこなっても、親しみをもってなつかしそうに手や動作をして楽しんでいます。

① 歳児

いないいない　ばあー

「いないいない」で顔がかくれ、「ばあー」で大好きな大人が現れます。いつ現れるのかドキドキの期待感がこのあそびのおもしろさです。

あそび方

- 「いないいない」で両手で顔をかくし、「ばあー」で両手をパッと開いて顔を出す。
- 手の代わりに布を使ったり、カーテンや物陰にかくれたりして遊ぶ。
- 「ばあー」で布のいろいろな方向から顔を出すと、さらに楽しめる。

1歳児

布のいろいろな方向から顔を出してみよう

いないいないいない
←ばあ→

子どもたちも

お人形相手に…　　カーテンにかくれて…

ばぁ　　　　　　　ばぁ

実践から

子どもたちがお人形相手にやってあげる姿や、大人を誘うようにカーテンの陰にかくれては「ばあー」と顔を出す姿はとてもかわいいです。大げさに驚いてあげると、喜んで何度も繰り返しています。

おうまは　みんな

1対1でふれあうことができ、リズムにあわせてからだを動かしてもらうことを楽しんでいます。1人始めると必ず"ボクも！""ワタシも！"と集まってきます。

中山　知子・詞
アメリカ民謡

おんま は みんな ぱっぱ か はし る ぱっぱ か はし る ぱっぱ か はし る
おんま は みんな ぱっぱ か はし る どうして はし る
どうして な の か だれも し ら ない だけど
おんま は みんな ぱっぱ か はし る ぱっぱ か はし る ぱっぱ か はし る
おんま は みんな ぱっぱ か はし る おもしろ い ね

①歳児

あそび方

ひざに抱っこして手を握り、子どもを優しく見つめる。歌いながら大人がひざを上下してリズムをとり、トントン動くおうまさんのようにして遊ぶ。

＊ ロールクッションに またがったり… ＊

＊ ぬいぐるみを ひざにのせたり… ＊

実践から

・室内にロールクッションを設置して、そこにまたがって大人やお友だちと一緒にピョンピョンお尻をはずませて遊ぶのも楽しいです。
・子どもが動物のぬいぐるみを自分のひざにのせて動かして楽しむこともあります。

① 歳児

にらめっこ

「あっぷっぷー」でいろいろな顔をすることで、おたがい大笑いできます。大人も子どもの頃にもどって、おもいっきりおもしろい顔を楽しみましょう。

わらべうた

だるまさん だるまさん にら めっこ しま しょー
わらうと まけよ あっ ぷっ ぷ

あそび方

ほほをふくらまし相手を見る。顔を近づけていくと大喜び。真似してみたり、ほほに指を当てて空気を抜こうとしたりする。「ん〜」とうなったり、「ばあ〜」と言ったり、最後に言葉を付けるといっそう楽しめる。

おもしろ顔にチャレンジ!!

1歳児

- ほおを指でつまんでひっぱったり
- あかんべーをしたり
- 鼻を押してぶたになったり
- あひるのくちになったり
- 両手で顔をひねり上げたり
- 耳をダンボにしたり

実践から

うたいながら徐々に最後のクライマックス「あっぷっぷー」の部分でどんなおもしろい顔にしようか考えながら、表情を作ります。大人たちも思わず童心に返って楽しんでいます。

あたま かた ひざ ポン

「ロンドン橋」のメロディーにあわせながら体の部分を押さえていきます。はじめはゆっくり大人の真似をして動かしますが、慣れてくるとリズムを楽しみながらできるようになります。

イギリス民謡
作詞者不詳

あ た ま か た ひ ざ ポン　ひ ざ ポン　ひ ざ ポン
あ た ま か た ひ ざ ポン　め　み み　は な　く ち

① あたま　頭をさわる

② かた　肩をさわる

③ ひざ　ひざをさわる

④ ポン　手をあわせる

❶歳児

③ と ④ を 2回 くり返した あと、
① ～ ④ を くり返す

⑤ め

目を指さす

⑥ みみ

耳を指さす

⑦ はな

鼻を指さす

⑧ くちー

口を指さす

おへそ　かかと
ひじ

などに変えてみても楽しい

実践から

「め　みみ　はな」の部分を年齢によって変えたり（ひじ　おへそ　かかとなど）、ゆっくりや早くなど、テンポを変えてアレンジして遊ぶと楽しいです。

① 歳児

うまはトシトシ

「おうまはみんな」と同じ遊び方ですが、最後の「ドシーン!」と落とすところがちがいます。スリルを楽しみます。

　　　　　　　　うま は と し と し ないて も つよ
　　　　　　　い う ま は つ よい から (の りてさん) も つよ い ドシーン!

① うまはとしとし ないてつよい
　うまはつよいから のりてさんもつよい
② ドシーン

足にのせて 手をつなぎ ゆすります

足の間をひらきます

あそび方

①大人が床に足を伸ばして座り、子どもと向かい合って両手、またはわきの下を支え持ち、大人の足をまたぐようにひざに座らせる。

②うたに合わせてひざを動かし、子どもの体を上下に揺らす。

③「ドシーン!」のところで両足を開いて、その間に子どものお尻をストンと床に落とす(年齢のちいさいうちは抱えてそっとおろす)。この時「はい、どうどう」とか「パカパカ、ヒヒーン」などと言う。

みんなで おうまに のっちゃおう

①歳児

実践から

- 「のりてさん」のところは「〇〇ちゃんも」と子どもの名前を入れると喜びます。
- 1人がやってもらっていると。他の子も次々にやってきて乗りたがります。2〜3人いっしょに足に乗せて「〇〇ちゃんも△△ちゃんもつーよーい」とやってあげると大喜び。子ども同士のふれあいも楽しんでいます。
- お人形を自分の足に乗せて模倣する、かわいい姿もよく見られます。

① 歳児

大根づけ

歌に合わせて全身を使ったスキンシップができます。子どもはリズミカルに触られるここちよさや、最後の「できあがり」のところでちょっぴりスリルをあじわうことができるので、大喜びします。

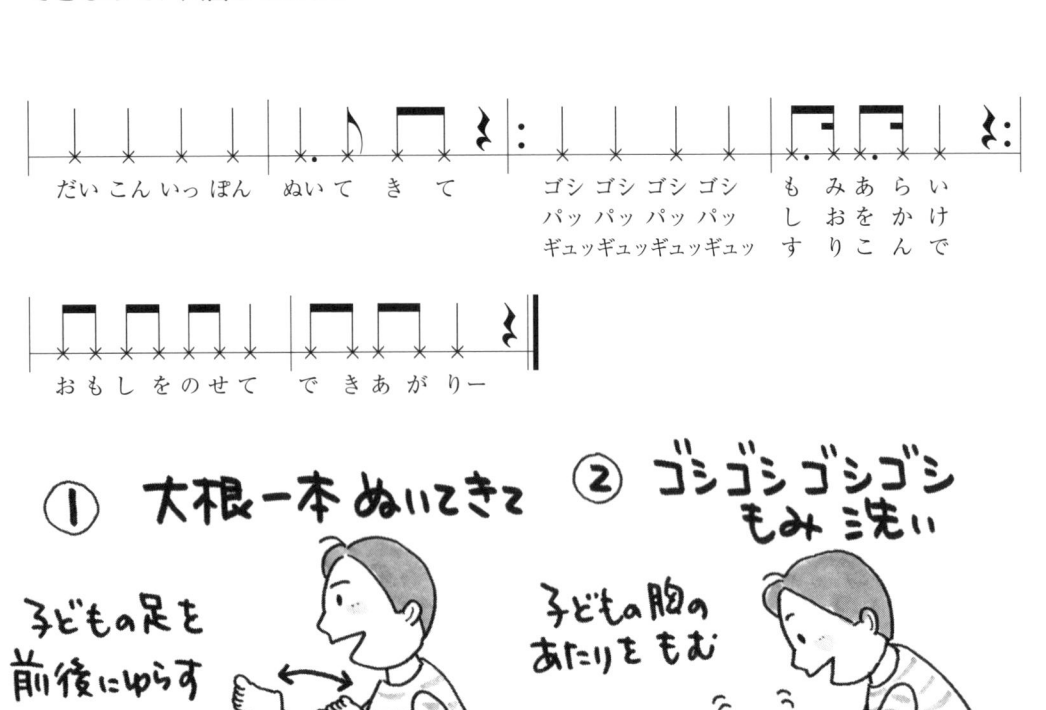

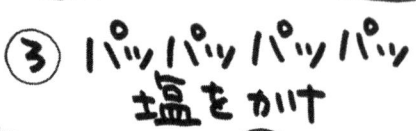

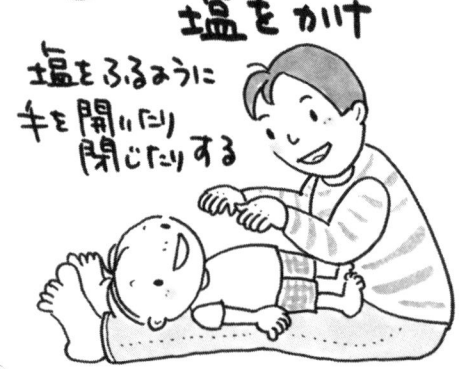

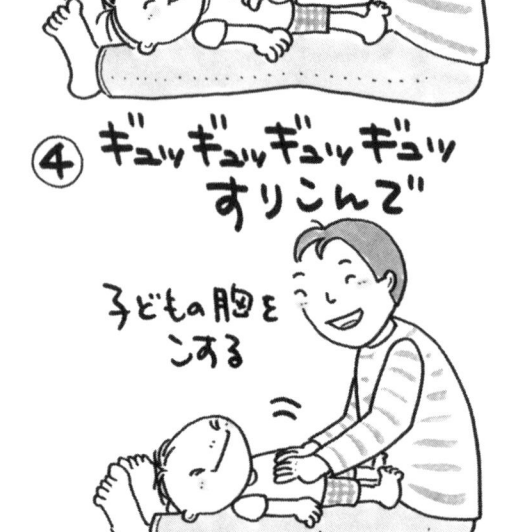

だいこん いっぽん	ぬいて きて
ゴシゴシゴシゴシ	もみあらい
パッパッパッパッ	しおをかけ
ギュッギュッギュッギュッ	すりこんで

おもしをのせて できあがりー

① 大根一本 ぬいてきて
子どもの足を前後にゆらす

② ゴシゴシゴシゴシ もみ洗い
子どもの胸のあたりをもむ

③ パッパッパッパッ 塩をかけ
塩をふるように手を開いたり閉じたりする

④ ギュッギュッギュッギュッ すりこんで
子どもの胸をこする

1歳児

⑤ 重石(おもし)を
子どもの足を
おりまげて

⑥ のせて
逆さに
つるして

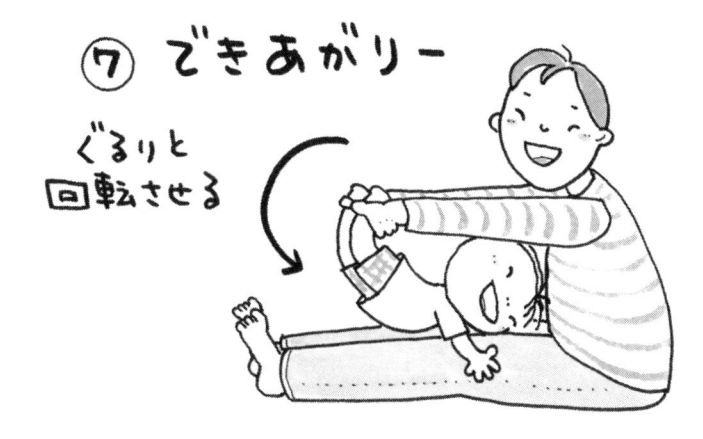

⑦ できあがりー
ぐるりと
回転させる

大根だけじゃなく　かぶや　にんじん　きゅうり　じゃがいも

どんな野菜でも OK!!

実践から

・大根だけでなく、いろいろな野菜にして楽しんでいます。

せんたくき

①歳児

子どもの手をとって横に軽く振るところから始まります。「何が始まるのかな？」という期待感をもった子どもの表情がかわいいです。

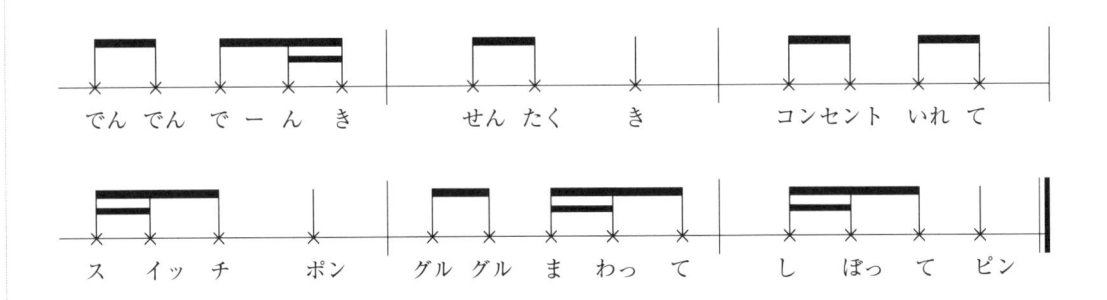

でん でん で ー ん き　　せん たく き　　コンセント いれて

ス イッ チ ポン　　グル グル ま わって　　し ぼって ピン

① でんでんでーんき せんたくき
向かいあって 両手をとって 横に軽くふる 

② コンセント いれて 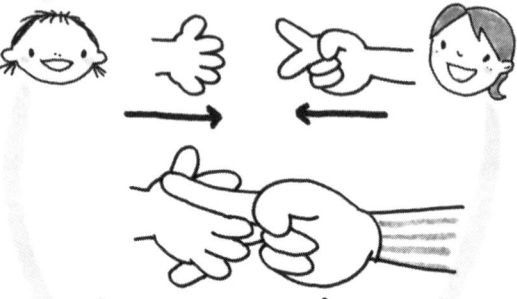
チョキの形の手を 子どものパーの形の手にさしこむ

③ スイッチ 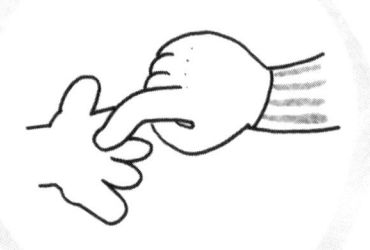
子どもの手のひらを ひとさし指で押す

④ ポン 
子どもの手のひらを 軽くたたく

❶歳児

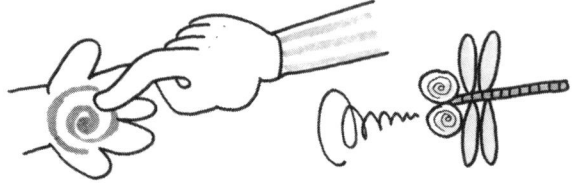

⑤ ぐるぐるまわって

子どもの手のひらをくすぐるようにぐるぐると円を描く

⑥ しぼって

手のひらを軽くつまむ

⑦ ピン

手のひらを軽くたたく

そのあと…
⑧「せんたくものを干しましょう」

子どもの両手を広げせんたくものを干すようにする

ひざの上でせんたくものになって ゆらゆら〜

実践から

- 子どもをひざに乗せて、大人の腕の中で子どもを洗濯物に見立ててゆらゆらさせると、気持ちよさそうにしています。
- 「あっ！ 雨がふってきた」などといって、子どもの気をそらし、目線を上に向け、わきの下をコチョコチョとくすぐると喜びます。

❶歳児

ちゅっちゅこっこ

わらべうた

ちゅ ちゅこっこ と まれ
（何度かくりかえす）

と まら にゃ とん で けー
（終わるときに）

「3種類のあそびがあるよ。」

まず **布** を使って…

① ちゅちゃこっこ とまれ
とまらにゃ

布を片手でつまみ上下に振る

② とんでけー

布を上にとばす

あそび方

3種類のあそび方がある。布やお手玉など身近なものを使って楽しめる。

①布を片手でつまみ、上下に振る。「トンデケー」で布を飛ばす。

②座ってお手玉をつまみ、床か低い台を鼓動に合わせて叩く。「トンデケー」でお手玉を高くつまみ上げる。

③子どもと向かい合って（後ろ抱きしてもよい）子どもの手をとる。「ちゅっちゅこっこ」で片方の手のひらを人さし指でつつく。「とまれ」で反対の手のひらをつつく（2回くり返す）。「とまらにゃ」ではじめの手のひらをつつく。「トンデケー」で両手を高く上げ、左右に広げる。

❶歳児

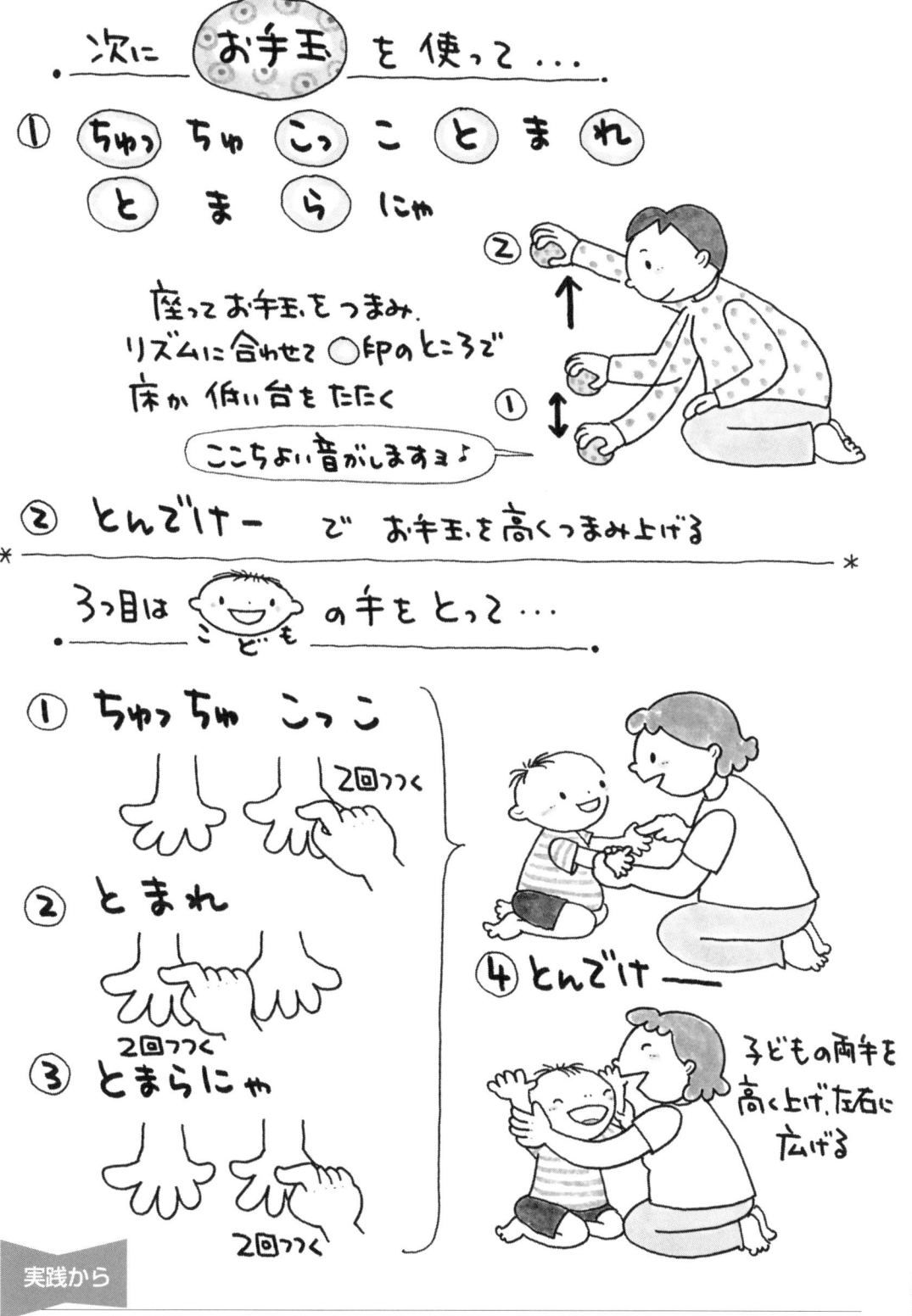

・次に お手玉 を 使って...

① ちゅっ ちゅ こっ こ と まれ
　　と ま ら にゃ

座ってお手玉をつまみ、
リズムに合わせて○印のところで
床か低い台をたたく

ここちよい音がしますよ♪

② とんでけー で お手玉を高くつまみ上げる

・3つ目は こども の手をとって...

① ちゅっちゅ こっこ
　2回ずつつく

② とまれ
　2回ずつつく

③ とまらにゃ
　2回ずつつく

④ とんでけー

子どもの両手を
高く上げ、左右に
広げる

実践から

フワフワ布のほうが、飛ばしたときにゆっくり落ちてくるので、見ていて楽しいです。

お寺の和尚さん

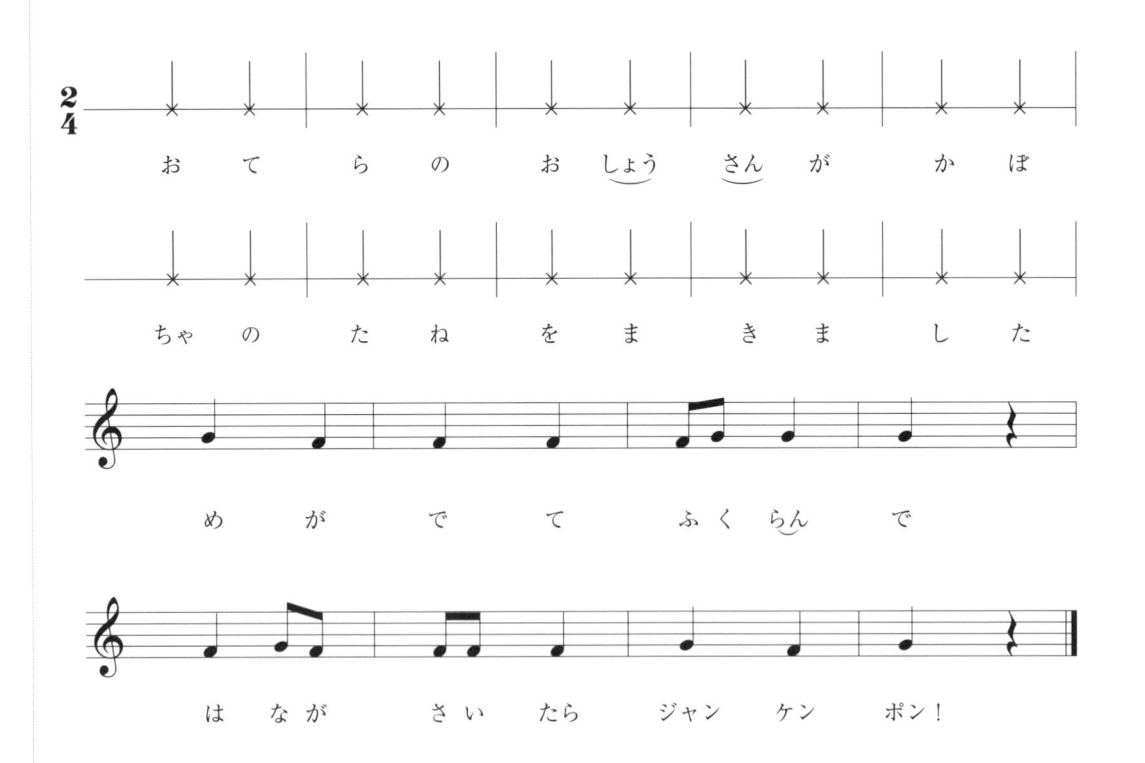

2歳児

2/4

おてらの おしょうさんが かぼちゃの たねを まきました
めが でて ふくらんで
はなが さいたら ジャンケンポン！

❷ 歳児

お寺の おしょさんが かぼちゃの種を まきました

お → て → ら → の
→ お → しょ → さん → が
→ か → ぼ → ちゃ → の
→ た → ね → を → ま
→ き → ま → し → た

ふたりで向きあって 自分の左手を右手でいったたき、次に相手の左手をいったたく。この動作のくり返し

芽が出て　　　　　胸の前で両手を合わせる

ふくらんで　　　　つぼみのように少しふくらませる

花が咲いたら　　　指先を開き、花のようにする

ジャンケン　　　　からだの前でかいぐりする

ポン　　　　　　　ジャンケンする

2歳児

パンやさんにお買い物

パンにたとえて顔や体のあちこちをスキンシップするあそびです。歌の最後「はいどうぞ」のあとにくすぐりっこをしてもいいでしょう。

佐倉　智子・詞
おざわたつゆき・曲

1 パンパンパンやさんに　おかいもの　サンドイッチに　メロンパン　ね
2 ホイホイたくさん　まいどあり

じりドーナツ　パンのみみ　チョコパンふたつ　くださいな
（はいどうぞ）

① パンパンパンやさんにおかいもの 
拍手7回
2番の「ホイホイたくさんまいどあり」も同じ

② サンドイッチに 
ほおをはさむ

③ メロンパン 
アカンベーをする

④ ねじーリドーナツ 
鼻をつまむ

❷歳児

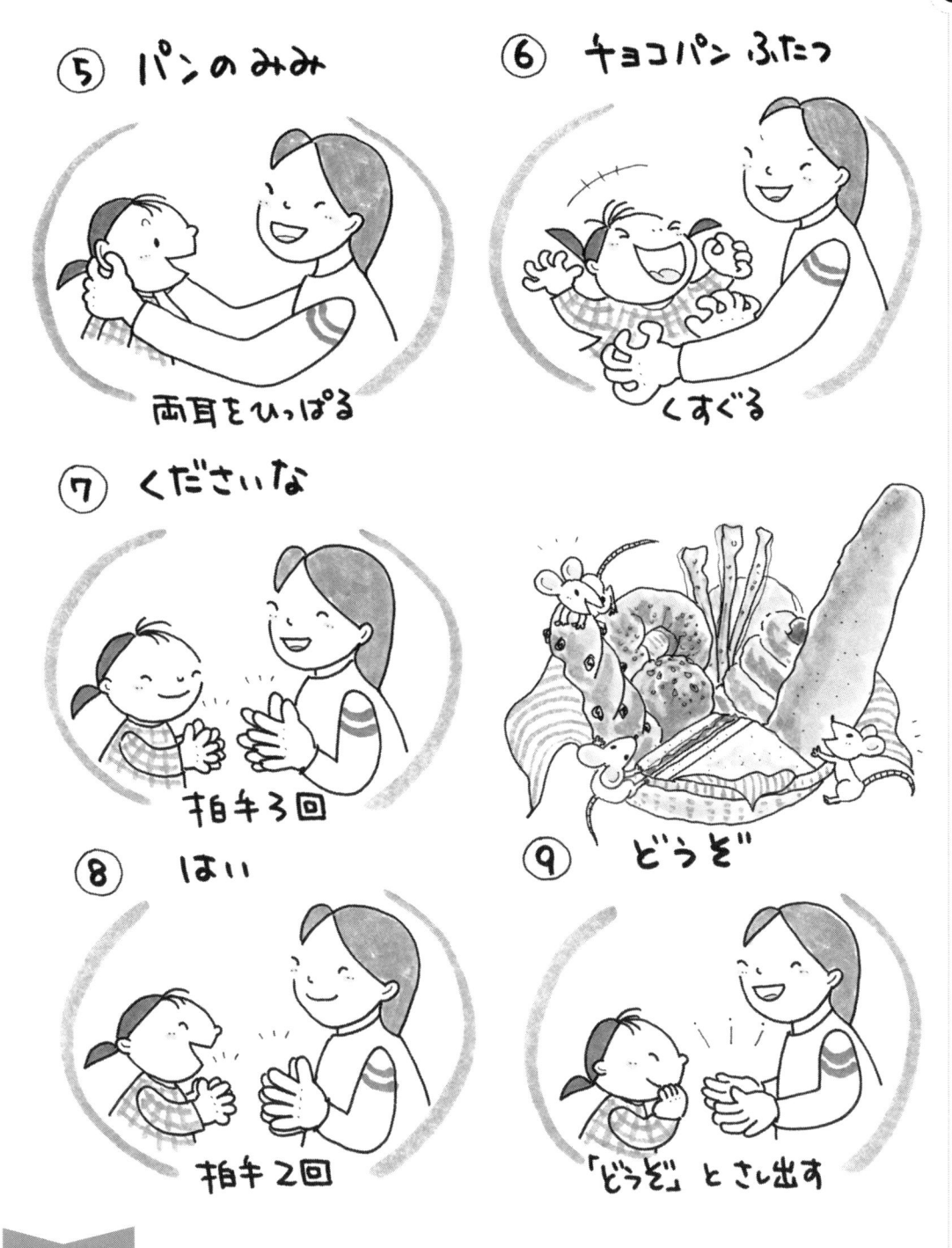

⑤ パンのみみ　　　⑥ チョコパン ふたつ

両耳をひっぱる　　くすぐる

⑦ くださいな

拍手3回

⑧ はい　　　　　　⑨ どうぞ

拍手2回　　　　　「どうぞ」とさし出す

実践から

・はじめは大人が自分の顔で手あそびにしてみせるといいでしょう。3歳以上になると子ども同士であそびます。
・ひざに抱いて、はさんだりつまんだりしてあげると、喜びます。

❷歳児

おせんべやけたかな

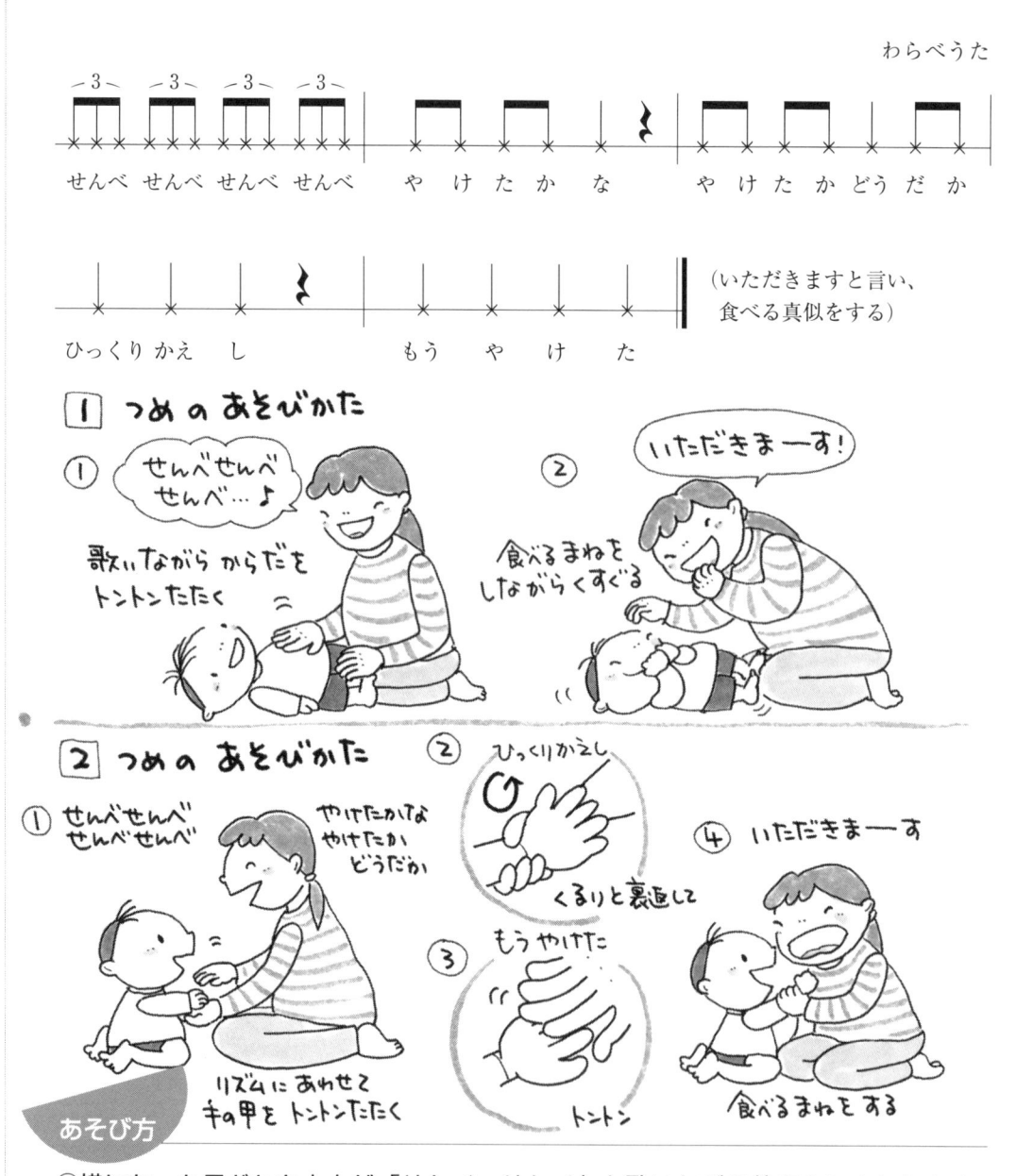

わらべうた

せんべ せんべ せんべ せんべ　やけ た か な　やけ た か どう だ か

ひっくり かえ　し　　もう や け た　（いただきますと言い、食べる真似をする）

1つめの あそびかた

① せんべせんべ せんべ…♪
歌いながら からだを トントンたたく

② いただきまーす！
食べるまねを しながらくすぐる

2つめの あそびかた

① せんべせんべ せんべせんべ　やけたかな やけたか どうだか
リズムにあわせて 手の甲を トントンたたく

② ひっくりかえし
くるりと裏返して

③ もうやけた
トントン

④ いただきまーす
食べるまねをする

あそび方

①横になった子どもを大人が「せんべ、せんべ」と歌いながら体をトントンたたき、「いただきます」で食べる真似をする。

②大人と子どもで向かい合って座り、「せんべ、せんべ」とリズムどおりに手の甲やひざをトントンする。「ひっくりかえし」で子どもの手を裏返し、「もうやけた」とトントンしたあと、「いただきます」で食べる真似をする。

3つめの あそびかた

「な」で止まったら

1度目は ひっくり返す　　2度目は 食べるまねをしてから からだの後ろに かくす

お　せ　ん　べ　や　け　た　か　な

③幼児の場合：2、3人で集まって両手の甲を上にして出す。大人が「お、せ、ん、べ、や、け、た、か、な」と言って、手の甲を一文字ずつ順番にさわり「な」で止まったところの手をひっくり返す。2回止まると焼き上がりで、子どもが食べる真似をする。全員の両手が焼き上がり、なくなると終わる。

❷ 歳児

グーチョキパー

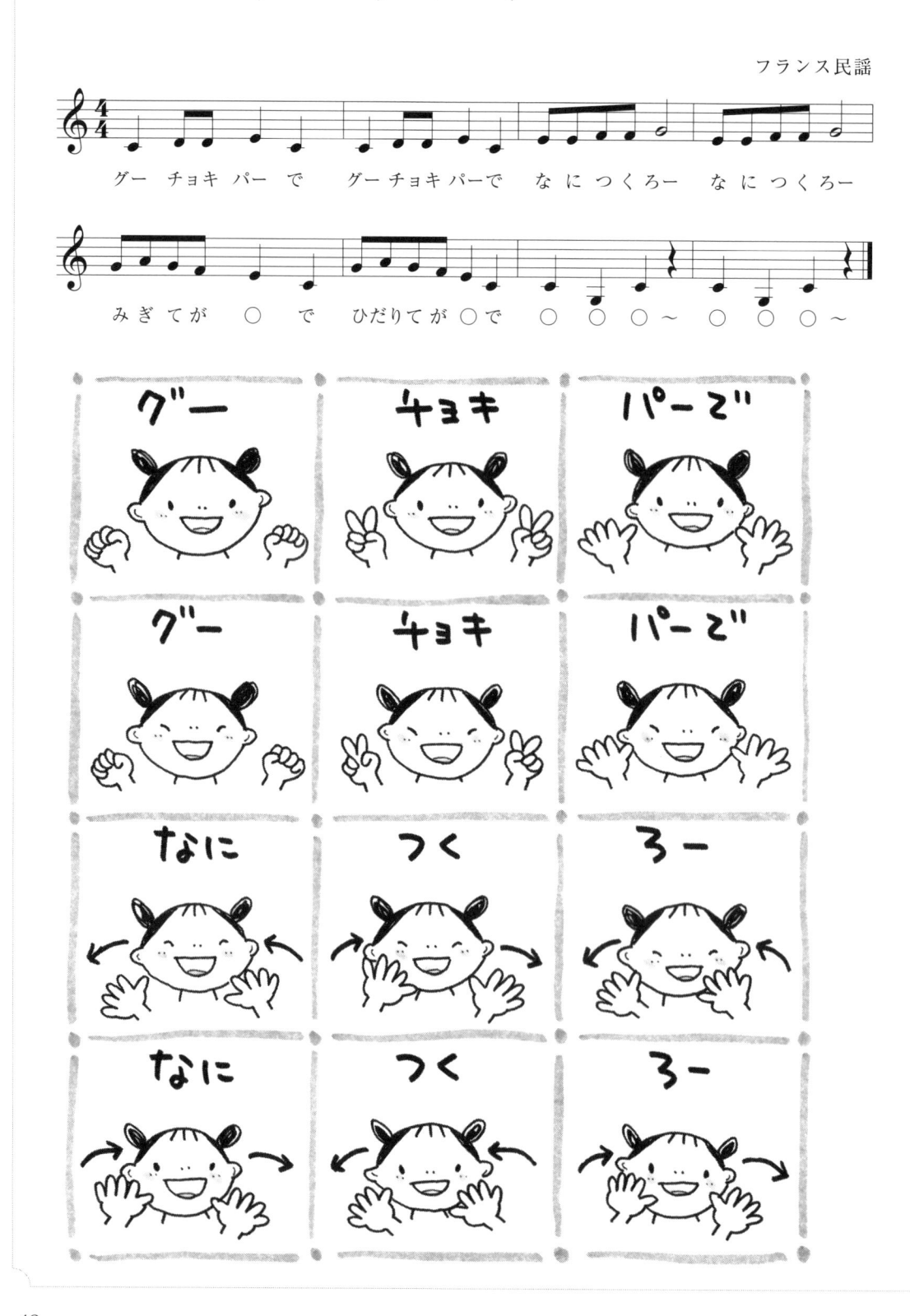

フランス民謡

グー チョキ パー で　グー チョキ パー で　なに つくろー　なに つくろー

みぎてが ○ で　ひだりてが ○で　○ ○ ○〜　○ ○ ○〜

グー	チョキ	パーで
グー	チョキ	パーで
なに	つく	ろー
なに	つく	ろー

❷歳児

グー・チョキ・パーでなにつくろう？

- **かにさん** — 右手はチョキで／左手もチョキで
- **ヘリコプター**
- **ちょうちょ** — 右手はパーで／左手もパーで　おやゆびをくみあわせて…
- 右手はグーで／左手はパーで　グーの上にパーをのせて…
- **しょくぱんまん** — 右手はパーで／左手もパーで　おやゆびをたてて　ほっぺにあてて…
- **うさぎさん** — 頭の上で目を作る　右手はパーで／左手もパーで
- **アンパンマン** — 右手はグーで／左手もグーで　手の甲を外側に、ほっぺにあてて…
- **ゆきだるま** — 右手はグーで／左手もグーで　グーを上下に重ねて…
- **かたつむり**
- **ドラえもん**
- **くまさん** — 右手はグーで／左手もグーで　両手のグーを頭の上へ…／右手はグーで／左手もグーで
- 右手はグーで／左手はチョキで　チョキの上にグーをのせて…

実践から

手を使って楽しみながら乗り物や動物を表現していきましょう。「次は何にしようか？」と子どもたちのリクエストをうけて、くり返しあそんでも楽しいです。

2歳児

とんとんとん ひげじいさん

手のひらを握っていろいろなところにくっつけるだけなので真似もかんたん。アンパンマンやドラえもん編など、子どもたちの知っているキャラクターに変えたり、表情を変えたりして遊びます。

玉山英光・曲
作詞者不詳

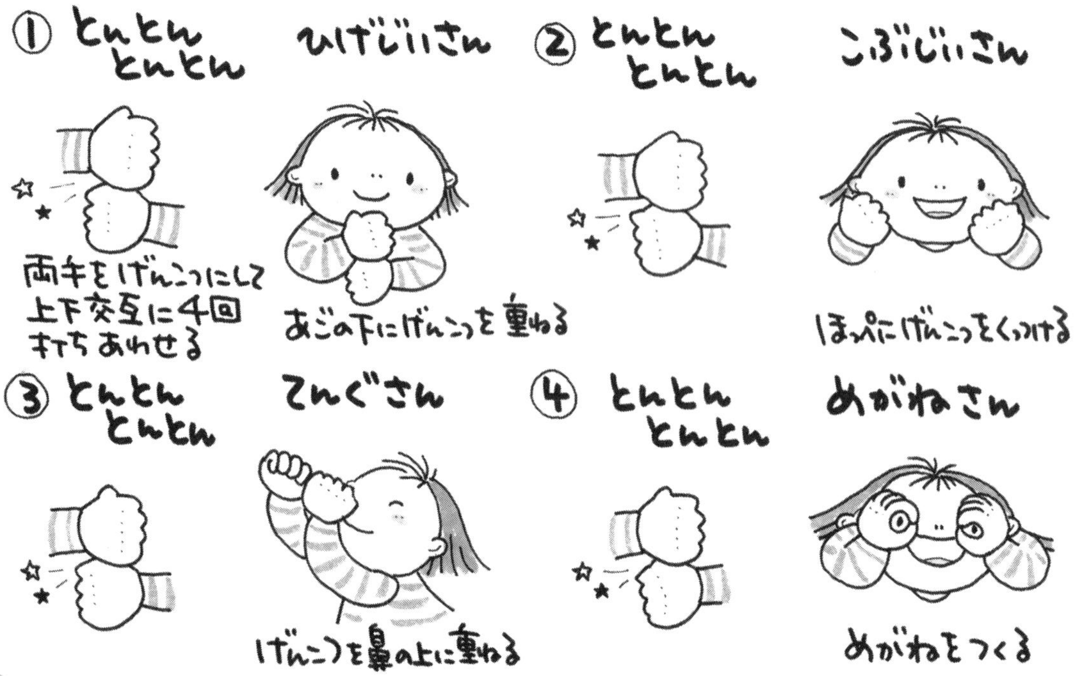

① とん とん とん とん ひげじいさん ② とんとんとんとん こぶじいさん

③ とん とん とん とん てんぐさん ④ とんとんとんとん めがねさん

⑤ とん とん とん とん てはうえに ⑥ キラキラキラキラ てはおひざ

① とんとんとんとん　ひげじいさん
両手をげんこつにして上下交互に4回打ちあわせる
あごの下にげんこつを重ねる

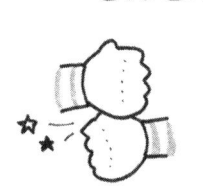

② とんとんとんとん　こぶじいさん
ほっぺにげんこつをくっつける

③ とんとんとんとん　てんぐさん
げんこつを鼻の上に重ねる

④ とんとんとんとん　めがねさん
めがねをつくる

❷歳児

⑤ とんとん とんとん　手はうえに
⑥ キラキラキラキラ　手はおひざ

手をまっすぐ上にあげる　上から下へ両手をキラキラさせながらおろしていく　ひざをさわる

アンパンマン編

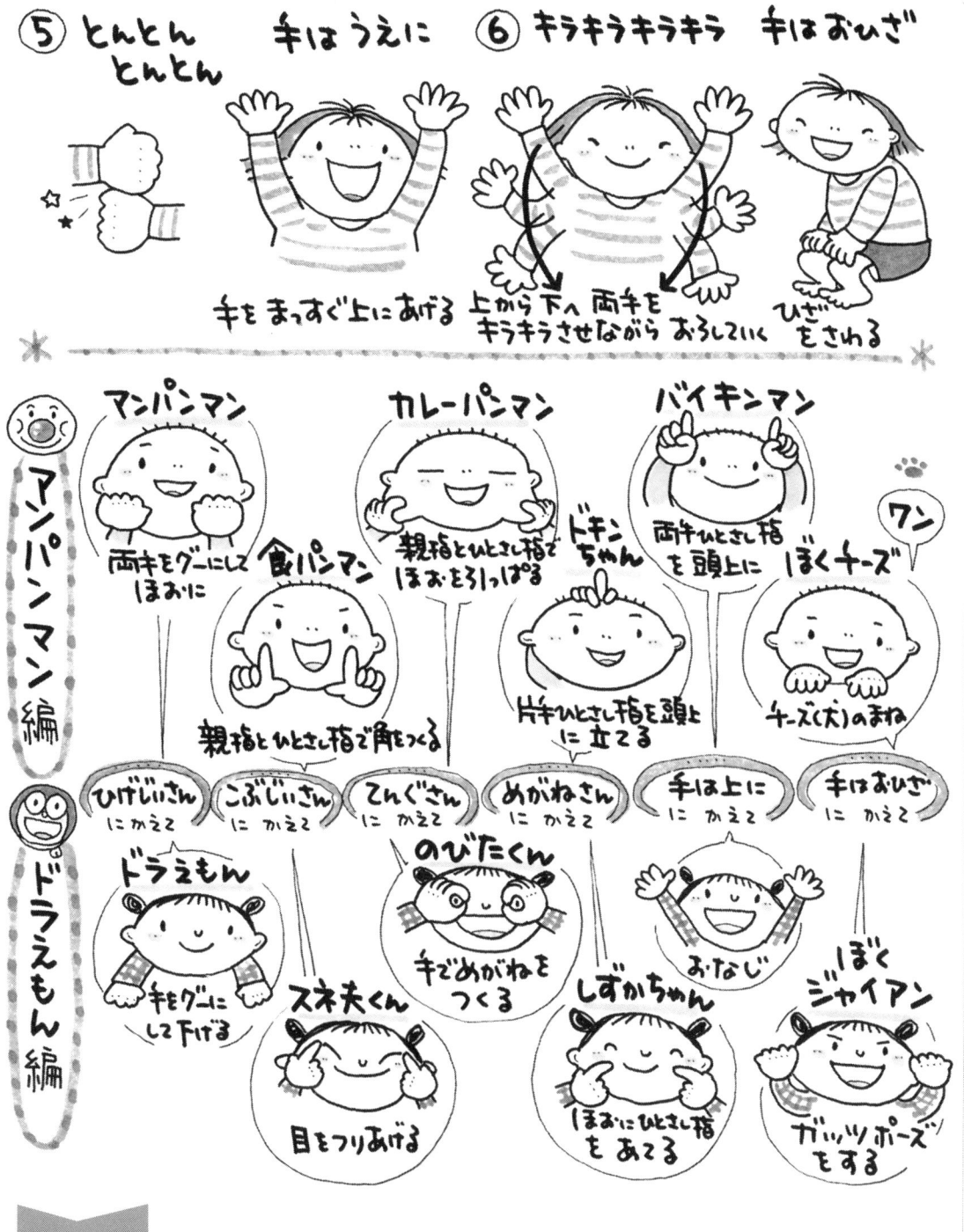

アンパンマン　両手をグーにしてほおに
カレーパンマン　親指とひとさし指でほおをひっぱる
バイキンマン　両手ひとさし指を頭上に
食パンマン　親指とひとさし指で角をつくる
ドキンちゃん　片手ひとさし指を頭上に立てる
ぼくチーズ　ワン　チーズ(犬)のまね

ドラえもん編

ひげじいさん　にかえて
こぶじいさん　にかえて
てんぐさん　にかえて
めがねさん　にかえて
手は上に　にかえて
手はおひざ　にかえて

ドラえもん　手をグーにして下げる
のびたくん　手でめがねをつくる
おなじ
スネ夫くん　目をつりあげる
しずかちゃん　ほおにひとさし指をあてる
ぼくジャイアン　ガッツポーズをする

実践から

大人と向き合ってお互いの顔にするやりかたもあります。また、年齢が高くなるとひげがのびたり、こぶがとれたり、「ビヨーン」「ポロ」などと擬音語を考えながら遊んだりもしています。

❷ 歳児

やさいのうた

二階堂邦子・詞曲

1 トマト は	トントントン	キャベツ は	キャキャキャ
2 ピーマン は	ピッピッピッ	カボチャ は	チャチャチャ
3 ブドウ は	ブーブーブー	スイカ は	スイスイスイ

キュウリ は	キュキュキュ	ダイコン は	コンコンコン
ニンジン は	ニンニンニン	ハクサイ は	クサイクサイクサイ
パイン は	パイパイパイ	リンゴ は	ゴーゴーゴー

1-① トマトは トントントン 
両手をゲンコツにして打ち合わせる

1-② キャベツは キャッキャッキャッ 
両手を キャッキャッキャッに あわせて グーパー する

1-③ キュウリは キュキュキュ 
ゲンコツにした両手を キュキュキュに あわせて しぼるようにする

1-④ ダイコンは コンコンコン 
ゲンコツにした両手で 頭を軽くコンコンコンとたたく

2-① ピーマンはピッピッピッ
親指とひとさし指をくっけたり離したりする

2-② カボチャはチャチャチャ
拍手する

2-③ ニンジンはニンニンニン
ひとさし指を立ててニンジャポーズ

2-④ ハクサイはクサイクサイクサイ
鼻をつまんで片手であおぎ「くさい」のポーズ

> **実践から**

子どもたちは他にも歌詞を作って楽しんでします。キャンディはペロペロペロ、ラーメンはツルツルツル、おいもはホクホクホク、スイカはカッカッカ（カッカッカと笑う）、ミカンはカンカンカン（カネを打つ真似）、メロンはメーメーメー、コーンはコンコンコン、カキはウッキッキーなどなど。

ひとりのぞうさん

大人を先頭に、名前を呼ばれた子からゆっくりつながって歩きます。1列に並んで楽しめるのは2歳児ならではのあそびですね。

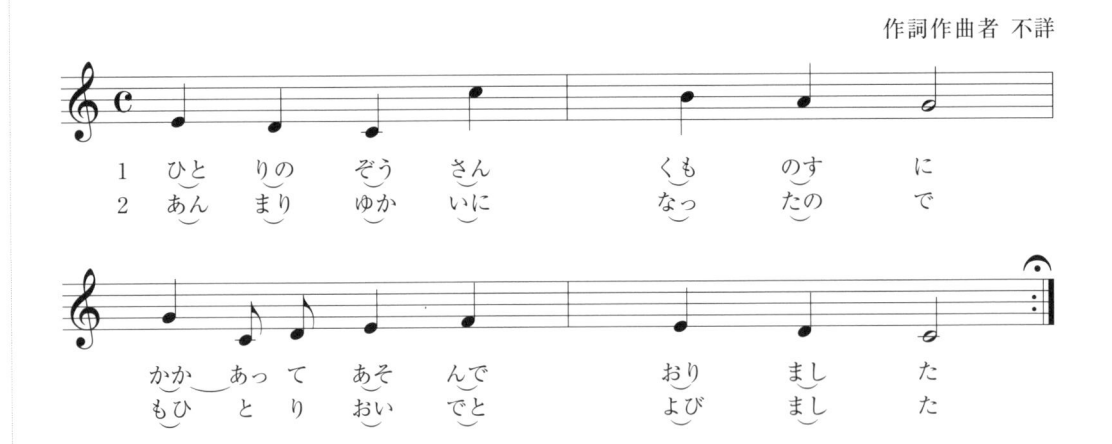

作詞作曲者 不詳

1 ひとりの ぞうさんが くものすに
2 あんまり ゆかいに なったので

かかあって あそんで おりました
もひとり おいでと よびました

あそび方

一番始めは大人が象の真似をして歩いて子どもを招く。曲の終わりに子どもの名前を呼んで、呼ばれた子が後ろにつながっていく。くり返して最後は全員がつながる。

一番はじめは担任がぞうのまねをして歩いて子どもをまねきます。

さいごには
全員がつながります。

♪ ひとりのぞうさんくものすに

ひも通しのぞうさん
ひもを通す穴が
あいています

> **実践から**
>
> ヒモ通しのあそびのなかに、象の形のがたくさんあるのですが、それを使って見立てあそびをしてあそんでいます。そのときに歌っています。自分たちが踊らなくても、その象さんたちが踊っています。

お弁当箱

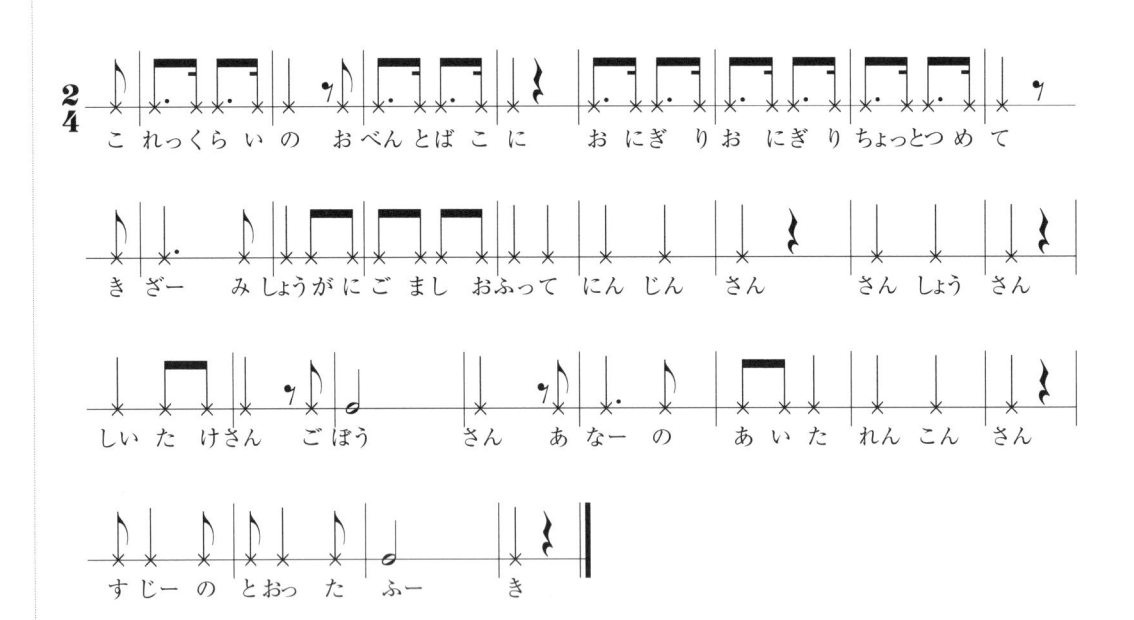

2歳児

これくらいの おべんとばこに おにぎり おにぎり ちょっとつめて
きざーみしょうがに ごましおふって にんじんさん さんしょうさん
しいたけさん ごぼうさん あなーのあいた れんこんさん
すじーのとおった ふーき

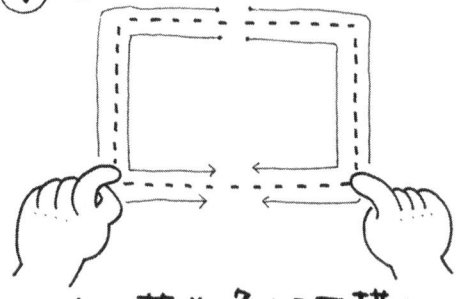

① これくらいの おべんとばこに
ひとさし指で四角を2回描く

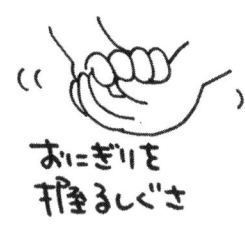

② おにぎり おにぎり
おにぎりを握るしぐさ

③ ちょっとつめて
おべんとうばこにつめる動作3回

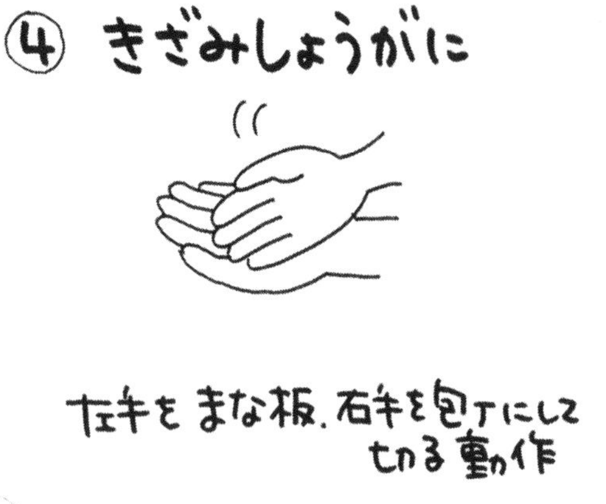

④ きざみしょうがに
左手をまな板、右手を包丁にして切る動作

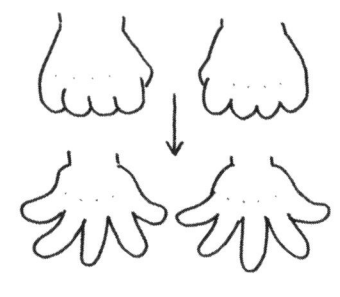

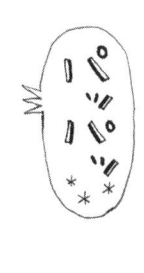

⑤ ごましお ふって
両手で勢いよくごましおをかける

❷歳児

⑥ にんじんさん
右手✌次に左手✌を出す

⑦ さんしょさん
右手✋次に左手✋を出す

⑧ しいたけさん
右手🖖次に左手✋を出す

⑨ ごぼうさん
右手🖐次に左手✋を出す

⑩ あなのあいたれんこんさん
指の輪の中からのぞくしぐさ

⑪ すじの とおった ふき
左うでを右手のひとさし指で下から上に筋を描く 「ふ」で右手のひらをふーっと吹き「き」で手をたたく

ぞうさんの！　ありさんの！

実践から

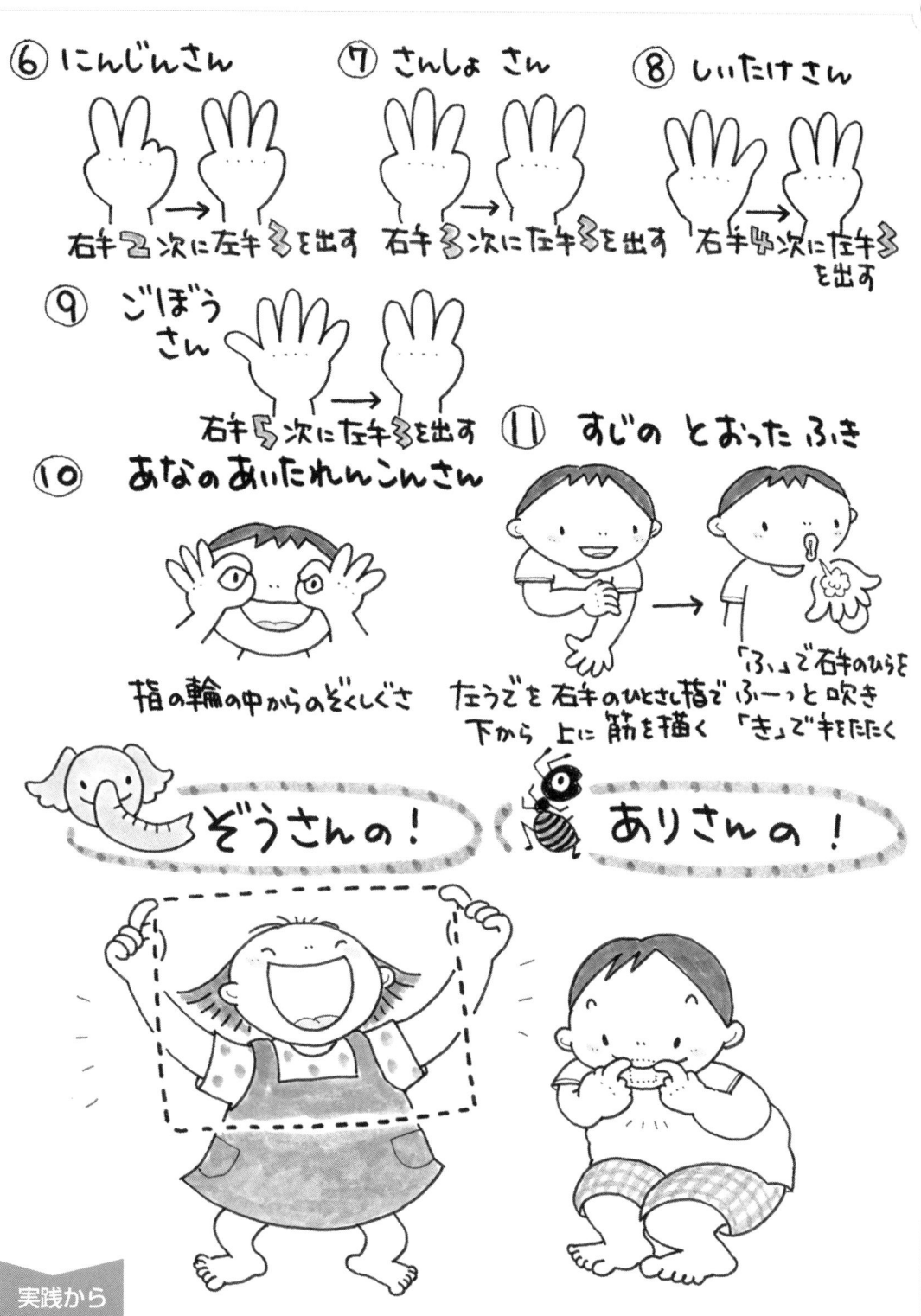

お弁当箱の大きさを変えて、それに合わせて身振りも変え、「ありさんの〜」「ぞうさんの〜」とやると、子どもたちはおおはしゃぎです。

❷ 歳児

むっくりくまさん

志摩 桂・詞
スウェーデン民謡

むっくりくまさん むっくりくまさん あなのなか
ねむっているよ ぐう ぐう ねごとをいって むにゃ むにゃ
めをさましたら めをさましたら たべられちゃう よ

1 目を閉じてしゃがんだくま役の子の周りを 他の子は手をつないで歌いながらまわる

あそび方

①くま役の子は目を閉じてしゃがむ。

②他の子は全員でくま役の子を真ん中にして、手をつないで歌いながら回る。

③「たべられちゃうよ くまさーん」で周りの子は逃げ回り、くま役の子が追いかけて誰か1人をつかまえる。

④つかまった子がくま役に交替して、あそびを続ける。

2 歌が終ったら「くまさーん!」のかけ声で
逃げる周りの子を くま役の子が追いかける

3 つかまった子が次のくま役になる

ちいさい子のときは
帽子やお面をつける。

実践から

・ちいさい子のときは、鬼がわかりやすいように、帽子やお面を付けたりして区別してあそびます。

・追いかけ鬼の前段階で、歌に合わせながら逃げたりつかまえられたりしながら楽しむこともあります。

なべなべそこぬけ

幼児編 3～5歳

なべなべ　そこぬけ　そこがぬけたら　かえりましょ

① なべなべ そこぬけ そこが ぬけたら

両手をつないで左右に振る

② かえりましょ

手を離さないようにしながらひっくり返る
＊2回目は裏から表へ戻る

小さい子どもたちは手をつないだまま ひっくり返るのは難しいので タオルを持ってチャレンジ!!

3人組で

① なべなべそこぬけ　② そこがぬけたら　③ かえりましょ

大勢で

① なべなべそこぬけ　② そこがぬけたら　③ かえりましょ

実践から

<なべなべ競争> 2グループ作って、手をつないで丸くなり、ひっくり返る速さを競います。ひっくり返ったらすぐに座ります。手が離れたらアウトです。

幼児 編

アルプス一万尺

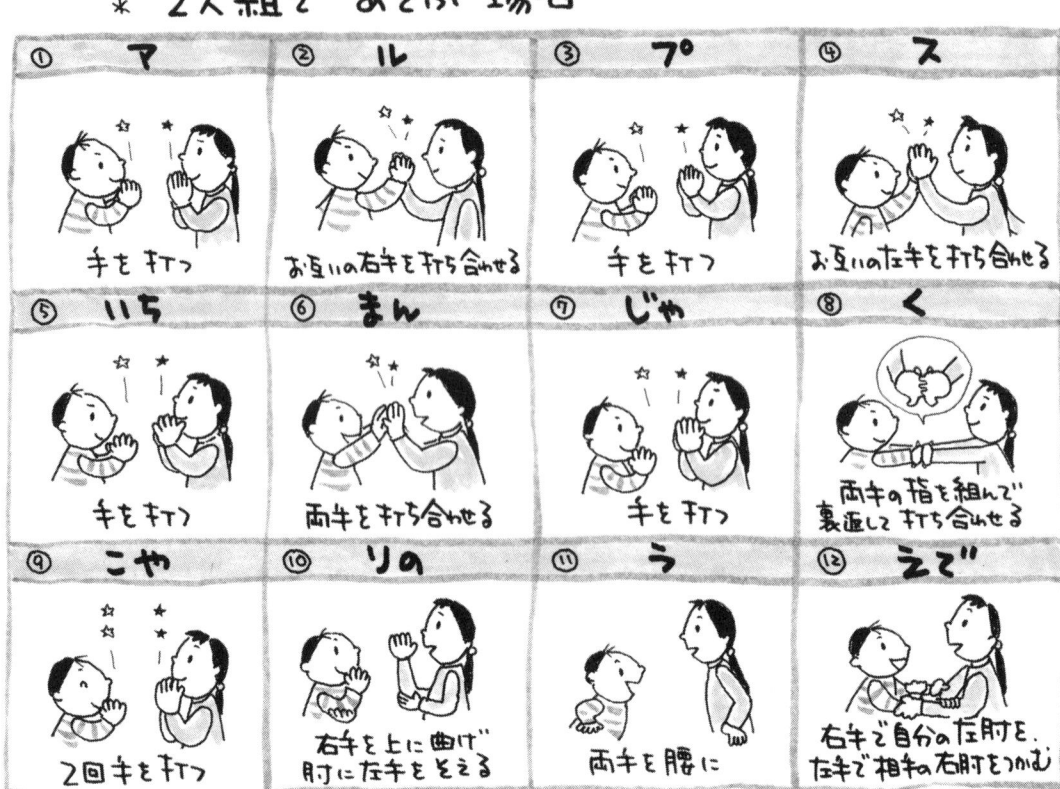

アメリカ民謡
作詞者不詳

1. アルプス いちまん じゃくで こやりの うーえで アルペン
2. きーのう みた ゆめ でっかいちいさい ゆめだよ のーみが
3. いちまん じゃーくに テントを はーれば ほーしの

おどりを さあ おどりま しょう ヘイ
リュック しょって ふじ とざ ん ヘイ　ランラ ララ ララララ
ランプに てが とど く ヘイ

ランラ ララ ララ ラ　ランラ ララ ラ ララララ　ラララ ラ ラー

* 2人組で あそぶ 場合

① ア	② ル	③ プ	④ ス
手を打つ	お互いの右手を打ち合わせる	手を打つ	お互いの左手を打ち合わせる
⑤ いち	⑥ まん	⑦ じゃ	⑧ く
手を打つ	両手を打ち合わせる	手を打つ	両手の指を組んで裏返して打ち合わせる
⑨ こや	⑩ りの	⑪ う	⑫ えで
2回手を打つ	右手を上に曲げ肘に左手をそえる	両手を腰に	右手で自分の左肘を、左手で相手の右肘をつかむ

* 以下, 動作はくりかえし *

幼児 編

> あそび方

発展①　多人数で一重円になり、内側を向く。

　　　　アルプスいちまんじゃく ……………前に4歩　「じゃく」で手拍子1回
　　　　こやりのうえで ……………………後ろに4歩　「で」で手拍子1回
　　　　アルペン踊りを ……………………その場で1周右回り（手をたたきながら）
　　　　さあおどりましょ …………………その場でジャンプ2回
　　　　ランラララララララ …………………隣同士で手をつなぎ右に歩く
　　　　ランラララララララ …………………隣同士で手をつなぎ左に歩く
　　　　ランララララララララララー ………手をつないだまま左足・右足と前へ出す

ランラララララララからの応用

発展②　隣の人と向き合う（右でも左でもよい）
　　　　見合わせた人と腕を組み、スキップしながら回る
　　　　向き合わなかった人はその場で手拍子

発展③　リーダーが「さあおどりましょ　ヘイ」で人数を叫ぶ（たとえば3人）
　　　　踊っていた人は3人組になり、輪を作り右回りにスキップする
　　　　1曲終わったら元の隊形（輪）に戻り、くり返す

> 実践から

2人組での手合わせの一段階前として①〜⑧の繰り返しを経験して、慣れてきたら動作を増やして遊んでいます。

ずいずいずっころばし

わらべうた

♩=120

歌詞:
ずいずいずっころばし ごまみそずい ちゃつぼにおわれて とっぴんしゃんぬけた らどんどこしょ たわらのねずみがこめくって チュウチュウチュウ チュウ おとさんがよんでも おかさんがよんでも いきーっこなーーしよ いどのまわりで おちゃわんかいたのだーれ

あそび方

① 鬼を1人決める。

② みんなで輪になって座り、両手を前に出して軽くにぎりこぶしをつくる。

③ 歌に合わせて鬼は順番にこぶしの中にひとさし指を入れていく。

④ 歌が終わったとき、鬼の指が入った手は引っ込めて、うしろにかくす。

⑤ 以上をくり返し、最後に残ったこぶしのひとが次の鬼になる。

＊ 3歳児は片手から…

＊ 家族みんなで…

> 実践から

- 3歳児では、あそびはじめは片手だけではじめて、わかりやすくしています。わかってきたところで両手にして楽しみます。
- 「ずいずいずっころばし」の前に「おせんべやけたかな」のあそびをすると、よりあそびがわかって楽しめた経験があります。
- くり返し遊んでいくうちに、子どもたちの中から「当たった！」など、まるでクイズに当たったような思いになるようで、自然に丸くなって座り、自分の番になるのを楽しみにしています。

あぶくたった

わらべうた

あ ぶ く たっ た に え たっ た に え た か ど う だ か
た べ て み よ む しゃ む しゃ む しゃ ま だ に え な い
も う に え た

① 「あぶくたった」と歌をうたいながら しゃがんでいる鬼のまわりを回る。

② 「ムシャムシャムシャ」と輪の中央にいる鬼の頭をつつく。①と②をくりかえし。そして「もう煮えた」となる。

③ 鬼を別の場所に移動させ、かぎをかけるふりをする。「とだなにしまって かぎをガチャガチャガチャ」

④ みんな言葉に合わせてしぐさをする

ごはんを食べて モグモグモグ／おふろに入って ゴシゴシゴシ／おふとんしいて 電気を消してね—ま—しょ

幼児 編

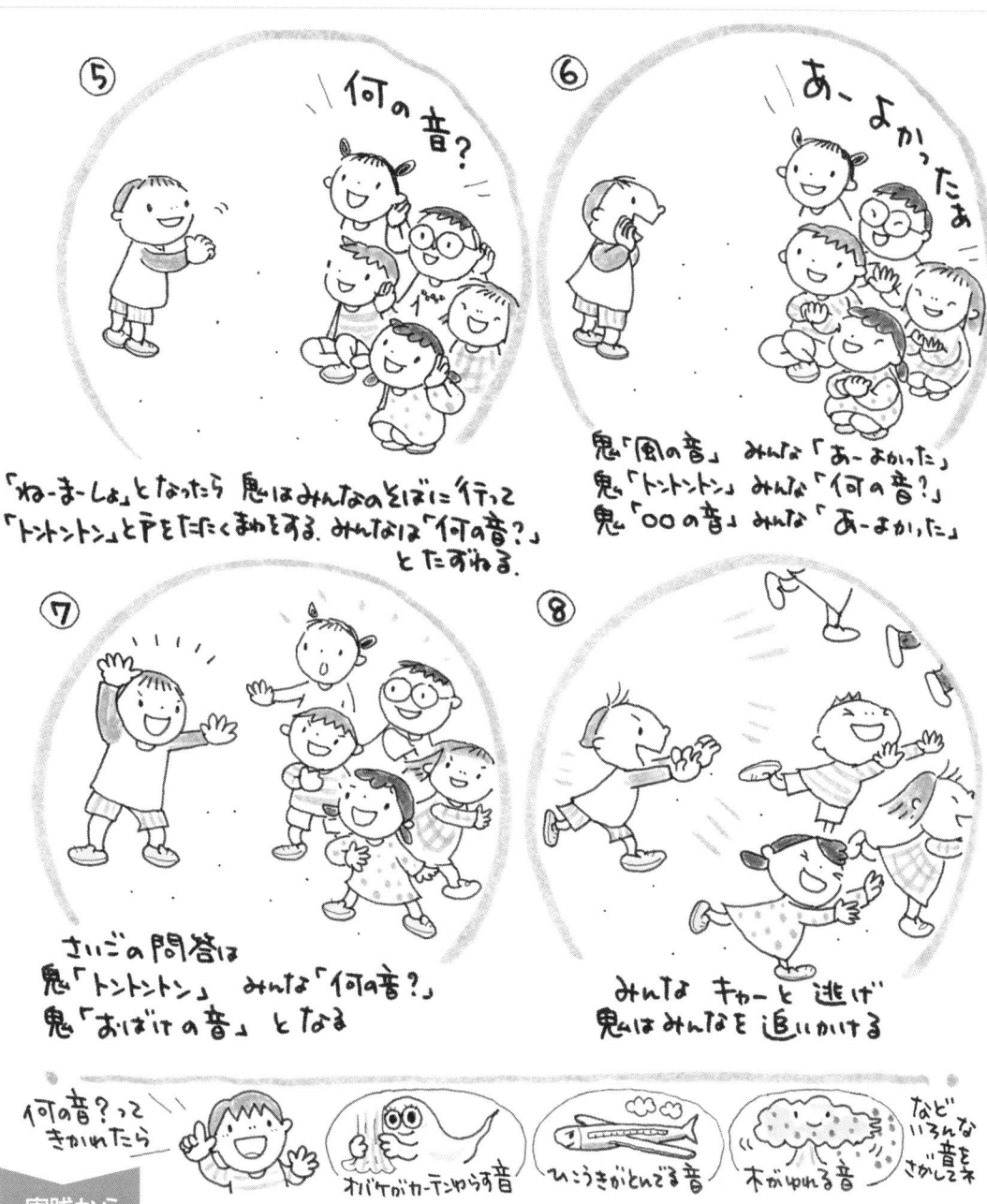

⑤ 何の音?

「ね-ま-しょ」となったら鬼はみんなのそばに行って「トントントン」と戸をたたくまねをする。みんなは「何の音?」とたずねる。

⑥ あーよかったぁ

鬼「風の音」 みんな「あーよかった」
鬼「トントントン」 みんな「何の音?」
鬼「〇〇の音」 みんな「あーよかった」

⑦

さいごの問答は
鬼「トントントン」 みんな「何の音?」
鬼「おばけの音」 となる

⑧

みんなキャーと逃げ
鬼はみんなを追いかける

「何の音?」ってきかれたら　オバケがカーテンゆらす音　ひこうきがとんでる音　木がゆれる音　などいろんな音をさがしてネ

実践から

・3歳児だと、しぐさを自分の経験に合わせてやっています。ご飯の前にお風呂に入ったり、お風呂で頭をシャワーで流す、ご飯の後でお皿を洗う、寝る前に歯みがきするなどもして楽しんでいます。

・4、5歳児になると、「何の音?」の問いかけに対して、さまざまな音をイメージして答えて楽しんでいます。「オバケがカーテンをゆらす音」「ひこうきが飛んでる音」「木がゆれる音」など。

幼児編

おちゃらか ホイ

わらべうた

セッ セッ セ の ヨイ ヨイ ヨイ おちゃらか おちゃらか

おちゃらか ホイ　　おちゃらか　どうじで／あいこで／かった よ／まけた よ　おちゃらか ホイ

① せっせっせーの
つないだ手を上下に振る 

② よい よい よい 
クロスした状態で手を上下に振る

③ おちゃ 
自分の手をたたく

④ らか 
相手の手をたたく

＊ ③④を3回くりかえす

幼児編

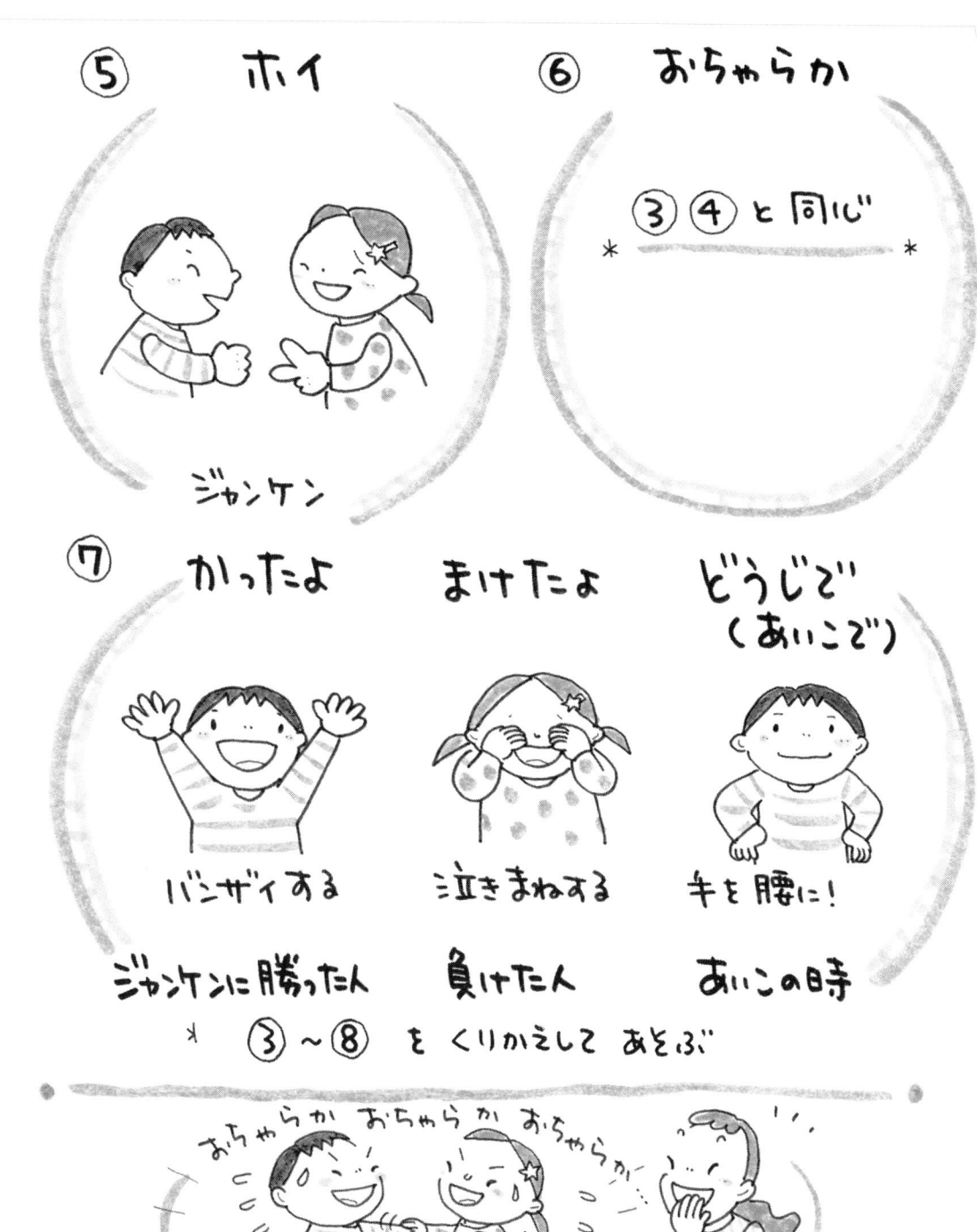

⑤ ホイ

ジャンケン

⑥ おちゃらか

③ ④ と同じ

⑦ かったよ　　　まけたよ　　　どうじで
　　　　　　　　　　　　　　（あいこで）

バンザイする　　泣きまねする　　手を腰に！

ジャンケンに勝った人　　負けた人　　あいこの時

＊ ③〜⑧ を くりかえして あそぶ

おちゃらか おちゃらか おちゃらか

はやーーい！！

実践から

テンポのいいあそびなので、いったんはじめるとずっといつまでも続くことがあります。慣れてくると、とても速いスピードで楽しみます。ジャンケンで同じものを出したとき「あいこで」という言い方もあります。

幼児編

タケノコ一本

わらべうた

(鬼)　　　　　　　　　　　　　　　　　(みんな)

たけのこいっぽん おくーれ　まだ めが　で ない よ
たけのこに ほん おくーれ　もう すぐ　でるーよ
たけのこさんぽん おくーれ　もう めは　で たーよ

うし ろのほう から ひい てくれ

① たけのこ1本おくーれ　まだ めがでないよ

② たけのこ2本おくーれ　もうすぐでるーよ

あそび方

鬼決めで1人鬼を決める。みんなは1列につながり、先頭の子どもは柱（木、支柱、ジャングルジムなど）につかまる。鬼とみんなが2小節ずつ交互唱し、歌が終わったら鬼が一番うしろの子どもを引っぱる。手を離してしまった子が次の鬼になる。

③

たけのこ3本おくーれ

もう めは でたーよ
うしろの方から 引いてくれ

柱や
ジャングルジムでもイイヨ

実践から

クラス全員でするときは、いくつかのグループに分けて歌は同時にうたったりしています。時には1人（鬼）が全員抜くまで頑張ってしまうこともあります。その時は、次の回鬼決めをし直しています。力一杯引っぱる、引っぱられることで、力の入れ方のバランスやがまんしてしがみつくというようなエネルギーが必要になり、思い切り力を出し切るので満足感が得られるあそびです。

かごめ かごめ

わらべうた

か ご め か ご め か ご の な か の と り ー は
い つ い つ で や ー る よ あ け の ば ん に
つ る と か め と す べ っ た う し ろ の し ょ う め ん だ ー れ

あそび方

①手をつないで輪を作る。

②鬼は輪の真ん中に座って目を閉じる。

③輪になった子は手をつないで歌いながら回り、歌い終わったところで止まる。

④鬼は目を閉じたまま輪の子の所まで行き、手探りで名前を当てる。

⑤名前が当たったら鬼を交替し、はずれたらもう一度鬼をする。

幼児 編

＊ 3歳児くらいなら…

① 「♪…うしろの正面だーれ?」と歌い終ったら…

②

「だーれだ?」の声をめあてに 鬼は うしろの子が 誰だか あてます。

「えーとー まこちゃん?」

＊ はずれたら 鬼は もう一度!

実践から

　3歳児くらいだと、歌い終わったら、鬼の後ろの子が鬼に「だーれだ」と声をかけ、鬼はその声からその子の名前を当てるようにします。当たったら鬼は交替し、はずれたらもう一度鬼をします。

幼児 編

だるまさんがころんだ

①②③

みんなは「はじめの一歩」で鬼の方に向かって一歩進む

④⑤

鬼が「だるまさんがころんだ」と唱える間にみんなは鬼に向かって進む

あそび方

①鬼を1人決める。

②鬼は決めた場所に行き、「はじめの1歩」をみんなのほうを見て待つ。

③みんなは決めたところから横並びになり、「はじめの1歩」と言って、1歩踏み出す。

④鬼はそのようすを見届けてから、後ろ向きで目を閉じて「だるまさんがころんだ」と唱え、パッと振り向く。

⑤みんなは「だるまさんが〜」の間にすばやく場所や体勢を移動し止まる。

⑥鬼は動いてしまった子を見つけたら名前を呼び「とりこ」にする。

⑦「とりこ」になった子は鬼のところから片手をつなぎ1列につながる。

⑧つかまっていない子は鬼に近づき、鬼と「とりこ」の間のつないだ手を切って逃げる。切られたら鬼はすぐに「10」唱えて「とまれ！」と叫ぶ。

　　*「とりこ」が1人もできないときは鬼の背中をタッチする。

⑨逃げた子は止まってから、みんなが逃げた距離を見て、鬼が何歩動くか決める。

⑩鬼は言われた歩数進み、一番近い子をタッチして鬼を交替する。

　　*鬼が言われた歩数を移動する間にタッチした子が何人か出た場合はその中からジャンケンで鬼を決めるやり方もある。

幼児編

⑥⑦ …ころんだ」の「だ」で鬼はふりむく。その時動いている子は「とりこ」になって鬼につながる。

⑧ つかまっていない子は鬼が見ていない間にとりことの間を切ると、みんな逃げる。

⑨ 鬼の「止まれ！」でみんな止まる。鬼が何歩動くか決める。

⑩ たとえば「大また3歩」など、決めた歩数で一番近くにいる子にタッチして鬼を交替する。

実践から

とりこのつながりかた／小指同士／腕をくむ／ひとさし指同士 など工夫してネ。

・鬼と「とりこ」が片手同士つなぐ方法として、小指と小指にしてみたり、腕を組んでみたり、ひとさし指同士触れるだけにしたりと、バリエーションを増やすこともできます。はじめる前に決めます。

・鬼の動きのとき、大また、中また、小またで何歩としてみます。また、つかまえるときに、その場所から動かなければ、腹ばいになって手を伸ばして少しでも相手に触れることができれば、鬼の交替ができるという具合に、条件を出すときもすんなりつかまらない条件を考えたりもします。

幼児 編

はないちもんめ

わらべうた

かって うれしい はないちもんめ まけて くやしい はないちもんめ
となりの おばさん ちょっときて おくれ おに が こわくて いかれない
おふとん かぶって ちょっときて おくれ おふとん びりびり いかれない お
か ま かぶって ちょっときて おくれ お か ま そこぬけ いかれない
あのこが ほしい あのこじゃ わからん そのこが ほしい このこじゃ わからん
そうだん しよう そうしよう ○ちゃんが ほしい △くんが ほしい

じゃんけん ぽん

♪"そうだんしよう そうしよう"で 誰に来てもらいたいか相談する

幼児 編

あーのこが ほーしいっ

＊ ジャンケンの 替わりに ひっぱりっこ

> 実践から

- 地域によっては歌詞が変わっているところもあります。「♪ふるさともとめてはないちもんめ～」
- 最初にはじめるとき、2組に分かれて代表の子がジャンケンをして勝ったほうからはじめます。
- 最後のジャンケンの変わりにひっぱりっこをするところもあるようです。

ジャンケン列車

ゴー ゴー ゴー ゴー ジャンケン れっしゃ だん だん だん だん なー が く なる
(チャンピオン れっしゃ)

ゴー ゴー ゴー ゴー ジャンケン れっしゃ さあ あい て は きみ だ ジャンケンポン
(チャンピオン れっしゃ)

① それぞれ 列車になって走る

あそび方

①全員ばらばらにちらばって列車になったつもりで走り回る。

②うたの終わりのところで近くにいる子とジャンケンをする。

③勝った子が先頭に、負けた子は勝った子の肩に手を置き、2両連結の列車を作る。

④うたの終わりでまた近くにいる列車同士、先頭の子がジャンケンをして、負けたほうの列車は勝ったほうのうしろにつながる。

⑤こうしてうたの終わりでジャンケンをくり返していくと、最後に長い1本の列車ができあがる。1本になったら「ジャンケンれっしゃ」を「チャンピオンれっしゃ」に言い替えて歌う。

② 2人ずつ ジャンケンする

③④ 負けた子は勝った子のうしろにつく。ジャンケンを
くりかえす

⑤「チャンピオンれっしゃ」のできあがり─!!

もぐらどん

わらべうた

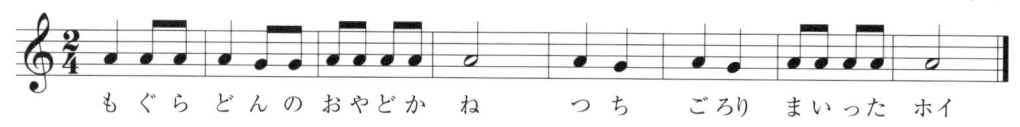

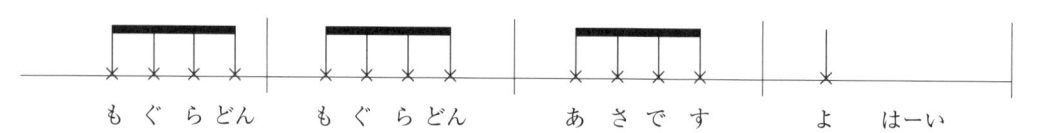

もぐら どんの おやど か ね　つち　ごろり まいった ホイ

もぐらどん　もぐらどん　あさです　よ　はーい

あそび方－①　座るもぐらどん

① もぐらどんの おやどかね

もぐらどん役の子が まんなかに座る。もぐらどんの まわりを他の子が歌いながらまわる

② つちごろりまいったホイ

「もぐらどん もぐらどん 朝ですよ。起きてくださーい！」

全部 歌い終わったら もぐらどんに呼びかける

③ タッチ!!

もぐらどんの子は 外の子の1人に タッチして 役を交替する

あそび方

①真ん中に1人入り（もぐら）、周りに他全員で歌いながら外側を回る。真ん中の子が外にいる誰か1人のところへ行き、タッチして役割交替する。

②真ん中に1人寝てもらう。周りの全員が歌い、歌い終わって「もぐらどん　もぐらどん　朝ですよ」といったら、起きて外側にいる誰かと交替する。

あそび方-② 寝るもぐらどん

① もぐらどんの おやどかね
つち ごろり まいった ホイ

もぐらどん役の子は まんなかに寝る。
もぐらどんのまわりを 他の子が歌いながらまわる。

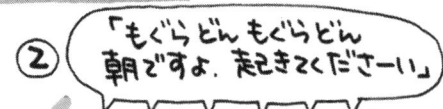

② 「もぐらどん もぐらどん 朝ですよ。起きてくださーい」

もぐらどんに 呼びかける

③ もぐらどんの子は 起きて、外側にいる誰かにタッチする。

④ タッチされた子は 次のもぐらどん役。

♪もーぐらどーんの おやどかね♪

実践から

人形を寝かして歌ってあげたり、布団を掛けて寝てみたり、「かごめ　かごめ」のように、1人の子が呼びかけをして、声当て（友だちの）をして役交代して、発展したあそびができます。

幼児編

からすかずのこ

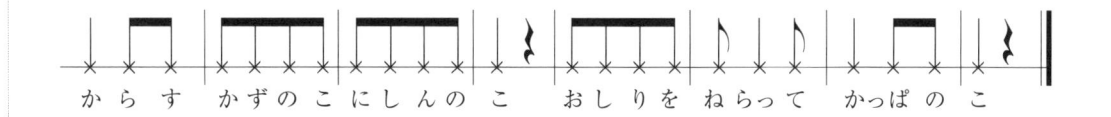

から　す　かずのこ　にしんのこ　おしりを　ねらって　かっぱのこ

① からすかずのこ にしんのこ おしりを ねらって

からすは みんなの外側を回る。

② かっぱのこ

かっぱは 近くにいる子の おしりを 3つ軽くたたく

あそび方

①なるべく小さな丸になって、立ったまま唱える。

②鬼はみんなの外側を回り、「ねらって」の「て」で止まって、「カッパのこ」で近くにいる子のお尻を3つ軽く叩く。

③お尻を叩かれた子は、輪から出て鬼の前に付き、いっしょに回り次の「カッパのこ」で誰かのお尻を同じように叩く。

④叩かれた子が叩いた子の前に付き、また歩き出す。

⑤中の子どもが減り、外のカッパが増えていく。

⑥最後に残った1人が次のカッパになる。

③ 2回目
たたかれた子がかっぱの前に付き、次の子をたたく。

④ 3回目
たたかれた子がたたいた子の前に付く。くりかえし

⑤ 4回目

⑥ 最後は…
最後に残った子が次のかっぱになる

列になって大人がおしりをたたくのもたのしい。

実践から

丸にならずに列を作って、大人が鬼になってうしろからお尻を叩くというあそび方もあります。

幼児 編

お茶をのみにきてください

お ちゃを の みに きてくだ さい はい
こん にち は いろいろ おせわに
なりまし た はい さような ら

あそび方

＜3歳＞自由隊形で歩く

- 「おちゃをのみにきてください」で自由に歩き、そばにいる子と向き合う。
- 「はい こんにちは」でおじぎをする。
- 「いろいろおせわになりました」で2人手をつないで一回りする。
- 「はい さようなら」でおじぎをする。

＊なるべく同じ人にならないようにする

＜4〜5歳＞役交代のあそび

- 子どもたちは輪になって手をつないで歩く。鬼はみんなと反対方向に歩く。
- "さい"で輪も鬼も止まり、鬼と止まったところの子が互いに「はいこんにちは」であいさつし、"いろいろ"から手を取り合ってその場で1回半回る。
- 回り終わったときに鬼の相手だった子が輪の内側に来るように止まる。
- こうして常に鬼が移り変わっていく。

＊はじめは鬼は1人でおこない、あそび方を覚えたら2〜3人（人数の多いクラスなら4〜5人）にして遊ぶ。

幼児 編

3歳向き

① お茶を のみにきてください 
自由に歩いたあと、そばにいる相手と向かいあう

② はい こんにちは 
おじぎを する

③ いろいろ おせわに なりました 
手をつないでまわる

④ はい さようなら 
おじぎをする
くりかえし…

5歳向き

① お茶を のみにきてください 
輪になっている子は右へ、鬼は左へ歩き、「…さい」で止まる

② はい こんにちは 
鬼と鬼の前にいる子がおじぎをする

③ いろいろ おせわに なりました 
2人で手をつないで その場で1回半まわる

④ はい さようなら 
次の鬼
おじぎをして鬼の役を交替する
くりかえし…

幼児 編

いわしのひらき

作者不詳

ズンズンチャチャ ズンズンチャチャ ズンズンチャチャ ホッ！　ズンズンチャチャ ズンズンチャチャ

ズンズンチャチャ ホッ！　いわしの ひらきが しおふいて ピュ！

① ズンズンチャチャ

② ズンズンチャチャ

③ ズンズンチャチャ

④ ホッ

①〜④ くりかえし

幼児 編

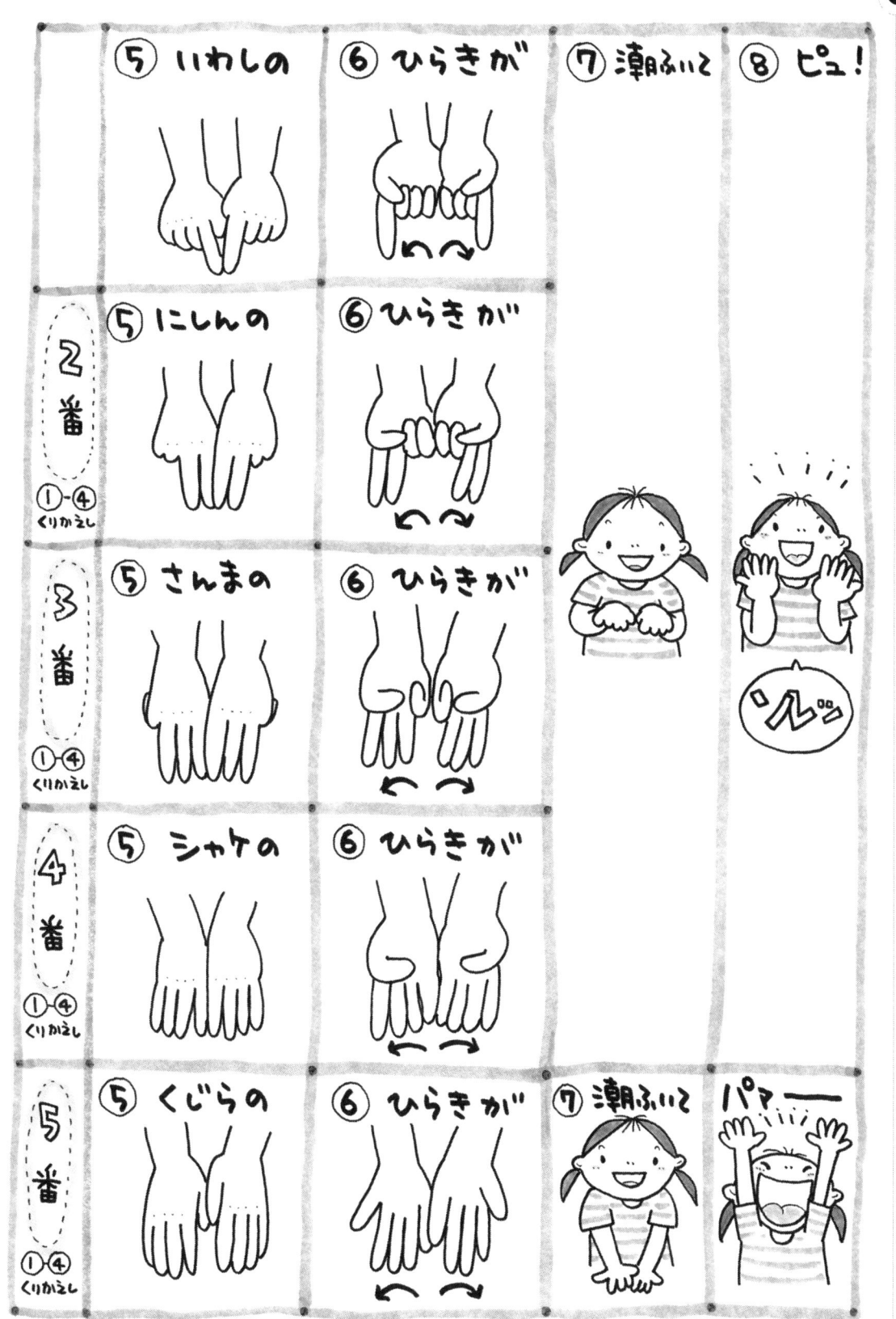

	⑤ いわしの	⑥ ひらきが	⑦ 潮ふいて	⑧ ピュ！
2番 ①-④ くりかえし	⑤ にしんの	⑥ ひらきが		
3番 ①-④ くりかえし	⑤ さんまの	⑥ ひらきが		
4番 ①-④ くりかえし	⑤ シャケの	⑥ ひらきが		
5番 ①-④ くりかえし	⑤ くじらの	⑥ ひらきが	⑦ 潮ふいて	パァー

特定非営利活動法人
東京都公立保育園研究会

１９４６（昭和２１）年６月に「東京都保育研究会」として発足。東京２３区内の公立保育所職員を中心とした、自主的な研究会。現在の会員は約13,000人。２００２年にNPO法人取得後、会員対象は広く一般に開かれている。

連絡先：〒169-0074東京都新宿区北新宿４－８－１２－401
電話０３（３３７１）８０５７
ホームページ：http://www.token-2.or.jp/

＜編集委員＞

大川　清美（千代田区）	大越　厚子（大田区）	金井　由美子（渋谷区）
唐澤　琴美（葛飾区）	木庭　みち子（江東区）	斎藤　昌子（中野区）
斎藤　米子（中野区）	鈴木　しのぶ（北区）	田口　和子（大田区）

装幀・本文デザイン／山田　道弘
本文イラスト／柏木　牧子
JASRAC（出）0505946-501

子どもに人気のふれあいあそび

2005年６月１日　初版発行
2018年６月20日　６刷発行

編著者　NPO法人東京都公立保育園研究会
発行者　名古屋　研一

発行所　㈱ひとなる書房
東京都文京区本郷２－１７－１３
電話 03-3811-1372
FAX 03-3811-1383
e-mail:hitonaru@alles.or.jp

©2005　組版／株式会社東京全工房　印刷・製本／中央精版印刷株式会社
＊落丁本、乱丁本はお取り替えいたします。